세 상에 대하여
우리가
더 잘 알아야 할
교양

80

지은이 소개

지은이 **김석신**

서울대학교 식품공학과를 졸업하고, 충남대 대학원, 미국 오하이오주립대 대학원에서 석사 및 박사 학위를 취득했다. 가톨릭대학교 식품영양학과에서 후학을 양성하면서 관련분야 연구·저술·강연에 몰두했다. 식품공학 관련 저술로 《식품저장학》, 《식품가공저장학》, 《식품물리학》이 있고, 음식윤리학과 음식인문학 관련 저술로 《음식윤리학》, 《나의 밥 이야기》, 《맛있는 음식이 문화를 만든다고?》, 《잃어버린 밥상 잊어버린 윤리》, 《좋은 음식을 말한다》가 있다. 가톨릭대학교 식품영양학과 교수를 역임했고, 현재 가톨릭대학교 식품영양학과 명예교수다.

세 상에 대하여
우리가
더 잘 알아야 할
교양

김석신 지음

80

집밥
사라질까?

내인생의책

차례

※ 본문의 **굵은 글씨**로 표시된 단어는 120페이지 용어 설명에서 찾아보세요.
※ 발췌한 부분에는 첨자를 달았습니다. 출처는 출처 보기에서 찾아보세요.

들어가며

'집밥'이라는 말을 들으면 집과 밥, 그리고 자연스럽게 '의식주'가 떠오릅니다. 예나 지금이나 우리가 살기 위해 의식주는 꼭 이루어내야 하고, 이럴 때 우리는 특별히 '짓다'라는 말을 사용해 왔습니다. 사전에서 '짓다'의 뜻은 '재료를 들여 밥, 옷, 집 따위를 만들다.'라고 풀이됩니다. '밥을 짓다' '옷을 짓다' '집을 짓다'처럼 표현하는 것이지요. 의식주뿐만 아니라 먹을거리를 제공하는 농사도 짓는 것이고, 각 사람에게 소중한 이름도 짓는 것입니다. 모두 우리 삶에 없어서는 안 되는 것들이지요. 그중에서도 밥은 우리의 생명과 건강을 '직접' 지켜줍니다. 그래서 밥은 그냥 '해'먹지 않고 정성을 다해 '지어'먹은 것 아닐까요?

그런데 세월이 흐르면서 의식주에 대한 표현은 조금씩 달라졌습니다. 기술이 발달한 오늘날에도 집짓기란 결코 쉬운 일이 아닙니다. 요즘도 집은 여전히 힘들게 짓고 있지요. 그래서 집에 관해서는 아직도 '짓다'는 표현이 주로 쓰입니다. 그러나 밥이나 옷의 경우에는 표현에 변화가 생겼습니다. '밥을 '하다' 옷을 '하다'라고 말이지요. 이때 '하다'라는 표현은 '짓다'라고 말할 때보다 훨씬 손쉬워진 느낌을 담고 있습니다. 특히 오늘날에는 '음식을 만들다' '식품을 만들다' '옷을 만들다'처럼 '만들다'가 더 흔한 표현으로 자리 잡았지요. 우리는 이러한 표현의 변화를 의식하지 않으면서 자연스럽게 사용하고 있지만, 여기에는 자못 중요한 의미가 담겨 있습니다.

▌조리질

예전의 어머니들은 밥을 지을 때 쌀의 돌을 **조리**로 걸러냈습니다. 반찬에 넣을 파도 텃밭에서 직접 뽑아 흙을 헹구어내고 정갈하게 다듬었지요. 요즘은 쌀에서 돌을 골라낼 필요가 없고 채소도 깨끗이 씻을 필요가 없습니다. 마트의 진열대에는 이미 다듬어지고 세척된 식재료들이 보기 좋게 포장돼 있지요. 물로 가볍게 씻어내기만 하면 됩니다.

더 편한 걸 원한다면 **조리**까지 어느 정도 완료되어 따로 **요리**할 필요 없이 데워 먹기만 하면 되는 간편 조리식품을 사면 됩니다. 그것도 귀찮다면 식당에서 외식을 할 수도 있지요.

그렇습니다. 우리는 참으로 음식이 풍요로운 세상에서 살고 있습니다. 굳이 힘들게 밥을 '지을' 필요가 없어졌습니다.

▌즉석밥

그런데 이렇게 먹을 것이 풍요롭고 외식을 할 여유도 있는 요즘, 우리는 왜 집밥을 찾고 집밥을 이야기할까요? 김밥을 예로 들어 생각해보겠습니다. 김밥은 김으로 밥을 둘둘 말아 썬 것이지만, 김밥이 되면 더는 김도 아니고 밥도 아닌 것이 됩니다. 구조가 달라지면서 김밥이라는 새로운 음식으로 바뀌어 버리지요. 그런데 단순히 형태만 바뀐 것이 아닙니다. 김밥에는 '어린 시절 소풍'처럼 김밥만의 특별한 의미와 기억이 담겨 있습니다. 마찬가지로 집밥에는 단순히 '집에서 해 먹는 밥'이 아니라 '집+밥〈집밥'처럼 보다 더 큰 의미가 담겨 있는 건 아닐까요? 그 밖에 외적인 배경으로 한쪽에서는 먹방을 틀어 놓고, 다른 한쪽에서는 다이어트에 매진하는 현대의 혼란스러운 식문화 환경도 집밥을 이야기하게 하는 요소라 볼 수 있습니다. 이러한 관점을 염두에 두고 이제 우리 시대에 새롭게 다가온 집밥에 대해 함께 이야기를 나누어 보고자 합니다.

밥을 지을 때 밥솥이 필요한 것처럼, 이야기를 지을 때도 틀이 필요합니다. 집밥이라는 주제를 전 세계적인 차원에서 이야기하기에는 음식문화의 범위가 너무 넓고, 각 민족이나 지역 또는 국가의 개별적 음식문화도 질적으로나 양적으로나 너무 다릅니다. 그래서 우리의 집밥 이야기는 우리나라의 경우로 범위를 좁혔습니다. 시간상으로는 과거와 현재의 집밥을 분석한 뒤, 이 분석을 토대로 인간과 로봇이 공존하는 미래사회를 염두에 두고 미래의 집밥을 예측할 것입니다. 인간관계의 중심에는 가족이 있고, 이를 둘러싼 사회가 있습니다. 집밥은 가족이나 사회와 떼려야 뗄 수 없으므로 우리는 주로 가족의 변화를 토대로 남녀평등의 확산, 1인 가구의 증가 등에 초점을 맞춰 이야기할 것입니다. 더불어 모성과 집밥의 관계와 이 관계의 미래도 살펴볼 것입니다.

　이제 솥을 걸었으니 본격적으로 밥을 지어 볼까요? 우리 함께 예스러우면서 새로운 테마인 집밥을 차근차근 살펴보도록 합시다. 집밥의 전통과 현대를 넘어 내일을 향하여!

1장 집밥의 의미

"집밥?" 하면 김이 모락모락 나는 밥이나 보글보글 끓는 찌개가 떠오르고, 밥상에 둘러앉아 함께 먹는 가족이 생각납니다. 가족을 '함께 밥 먹는 입' 즉 식구(食口)라고 할 만큼 집밥과 가족은 떼려야 뗄 수 없는 관계이지요. 사회를 구성하는 기본단위인 가족은 사회의 변화에 따라 변하고, 이에 따라 집밥도 변하게 됩니다. 그렇지만 인간의 성장·발달과 행복의 원천인 가족과 집밥의 본질적 기능은 크게 변하지 않으리라 예상됩니다. 예나 지금이나 가족 없는 집밥이나 집밥 없는 가족은 여전히 상상하기 어려운 이유이지요. 본격적인 논의에 앞서 우리의 주제인 집밥의 개념을, 집, 밥, 집밥의 순서로 정리하고, 이를 토대로 집밥을 분류해보겠습니다.

집의 개념

먼저 집의 개념을 살펴보겠습니다. 표준국어대사전을 보면 집은 '사람이나 동물이 추위, 더위, 비바람 따위를 막고 그 속에 들어 살기 위하여 지은 건물' 그리고 '가정을 이루고 생활하는 집안'의 두 가지 의미로 풀이하고 있습니다. 다시 말해 전자는 건물이라는 공간의 의미고, 후자는 가정이라는 공동체의 의미가 더해졌다고 볼 수 있습니다. 과거에는 집에서 식구들과 함께 한솥밥을 해 먹는 것이 너무도 당연했습니다. "밥 먹자!"라는 말에는 단순히 공간적인 의미의 집뿐만이 아니라 식구라는 공동체의 의미가 함께 녹아있기 때문에, 굳이 집밥이라는 말이 필요하지 않았지요. '집밥'이란 말은 2000년대 이전에는 존재하지 않았던 **신어**[1]입니다. 표준국어대사전에 집밥이 등재된 것은 2016년이지요. 최근 1인 가구와 맞벌이 가구의 증가와 맞물려 가정공동체가 변화하면서, 집밥의 전통이 흔들리기 시작했습니다. 이런 상황은 우리에게 집밥의 의미와 중요성을 돌아보게 하고 있습니다. 이런 관점에서 볼 때 집밥의 집은 공간과 공동체 둘 다 의미한다고 볼 수 있지요.

알아 두기

집밥은 '집밥 열풍'에 힘입어 신어로 사용되다가 2016년 4월에 표준국어대사전에 등재된 말이다. 한편 '혼밥'과 '혼밥족'은 2014년 1월에 신어로 등재되었고[2], 아직 표준국어대사전에는 등재되지 않은 말이다. 혼밥이라는 말을 통해 과거에는 혼자 밥 먹는 일이 흔치 않았다는 것을 알 수 있다. 혼밥은 '혼자서 먹는 밥'이고, 혼밥족은 '평소 혼자서 식사하는 사람 또는 그런 무리'이다. 참고로 일본에도 집밥에 해당하는 家ご飯(우치고항)이나 お家ご飯(오우치고항)이라는 말이 있다. 영어권에서는 'home meals'이라는 표현을 사용한다.

밥의 개념

두 번째로 밥의 개념을 살펴보겠습니다. 표준국어대사전을 보면 밥은

'쌀, 보리 따위의 곡식을 씻어서 솥 따위의 용기에 넣고 물을 알맞게 부어, 낱알이 풀어지지 않고 물기가 잦아들게 끓여 익힌 음식' 그리고 '끼니로 먹는 음식'이라고 풀이합니다. 영어로 전자는 'Cooked Rice' 후자는 'Food 또는 Meal'이라고 표현할 수 있겠지요. 집밥의 밥은 당연히 밥과 음식의 두 가지 의미를 포함합니다.

　그렇지만 밥의 의미를 조금 더 깊이 들여다보면 생명, 행복, 지혜와 같은 훨씬 깊은 뜻을 발견할 수 있습니다. 밥은 그저 끼니로 먹는 음식에 불과한 것이 아닙니다. 우리가 먹는 밥은 원래 우리와 같은 생명체입니다. 다시 말해 우리는 다른 생명체의 생명을 먹으면서 우리의 생명을 유지하는 것이지요. 우리는 밥을 먹으면서 우리가 다른 존재에 의존하면서 사는 존재라는 지혜도 배우게 됩니다. 집밥도 마찬가지이지요.

▌ 우리가 먹는 밥이 되어주는 쌀 또한 우리와 같은 생명체다.

밥을 생각하면 부모님이 떠오를 때가 많습니다. 늘 자식을 위해 한 술 더 먹으려 애쓰시는 부모님의 사랑이 그 안에 들어있기 때문이지요. 속담에도 '남의 밥을 먹어봐야 부모 은덕을 안다'라고 하잖아요? 새벽에 식구들 깰라, 소리 죽여 지어 주신 새벽밥에는 부모님의 사랑이 가득 담겨 있습니다. 이런 사랑의 관점을 좀 더 확대해보면 그 뜻이 더욱 명확해집니다. 맛있는 걸 먹을 때 사랑하는 사람이 떠오르고, 사랑하는 사람과 같이 먹고 싶은 생각이 드는 건, 부모님 또는 다른 누군가가 사랑으로 지어준 밥을 먹어본 경험이 있기 때문입니다. 친구 집에서 잘 차려진 밥을 대접받거나, 친구를 초대해 대접하는 일에는 단순히 끼니를 해결하는 것 이상의 의미가 담겨 있습니다. 이는 우리가 모두 함께 먹을 때 더 행복하고, 더 행복해지기 위해 함께 먹는다는 의미인 것이지요. 집에서 혼자 지내는 건 편안할 수 있지만, 혼자 밥을 먹는 게 힘든 이유는 아마 그 때문이 아닐까요?

집밥의 개념

마지막으로 집밥의 개념을 살펴볼 차례입니다. 낱말의 개념을 파악할 때 비슷한 말과 반대말을 활용하는 것이 효율적일 때가 많습니다. 먼저 비슷한 말을 활용해 볼까요? 집밥과 비슷한 말로는 가정식(家庭食)과 가내식(家內食)이 있지요. 표준국어대사전을 보면 집밥은 '가정에서 끼니때 직접 만들어 먹는 음식'이라고 합니다. 우리말샘을 보면 가정식(家庭食)은 '가정에서 평상시에 즐겨 먹는 음식'이고, 가내식은 '가정에서 만들어 먹는 음식이나 식사'라고 하지요. 세 단어의 공통점은 '가정에서' '먹는' 음식에 있고, 집밥과 가내식에는 '만들어'가 포함됐지만, 가정식에는 '만들어'가 포함되어 있지 않습니다.

따라서 사전적 정의에 따르면 집밥은 집에서 먹는 음식이면서, 집에서 만들 수도 있고 아닐 수도 있는 음식이라고 정리해 볼 수 있습니다. 그렇다면 집에서 만들어 집밖에서 먹는 도시락은 집밥일까요? 위 개념에 따르면 도시락은 집에서 만들었지만, 집에서 먹지 않기 때문에 집밥이라고 할 수 없습니다. 그렇다면 배달 음식은 집밥이 아닐까요? 배달 음식은 집에서 만들진 않았지만, 집에서 먹기 때문에 집밥에 해당한다고 볼 수 있습니다.

이번에는 집밥의 반대말을 활용해 보겠습니다. 일차원적으로 집밥의 반대말은 외식입니다. 표준국어대사전을 보면 외식은 '집에서 직접 해 먹지 아니하고 밖에서 음식을 사 먹음 또는 그런 식사'라고 풀이합니다. 즉 외식을 기준으로 하면 집밥이냐 아니냐는 집에서 먹느냐 밖에서 먹느냐로 구별할 수 있습니다. 이 기준에서 보았을 때도 도시락은 집에서 만들었지만, 밖에서 먹기 때문에 외식에 해당합니다. 또 배달 음식은 식당에서 만들었지만, 집에서 먹기 때문에 집밥에 해당합니다.

아무리 그래도 도시락이 외식이고 배달음식이 집밥이라니요? 선뜻 동의하기 어렵습니다. 이를 감안해 도시락을 집밥형 외식으로, 배달음식을 외식형 집밥으로 보다 자세히 나눌 수도 있겠지요. 그렇지만 요즘 집에서 도시락을 싸는 경우가 별로 없고, 배달음식을 시켜 집에서 먹는 경우가 오히려 늘고 있지 않습니까? 이런 현실을 볼 때 굳이 집밥을 세세히 분류할 필요는 없다고 생각됩니다. 오히려 집밥인가 아닌가로 크게 나누어 우리 주제인 집밥에 초점을 맞추는 것이 적절해 보입니다.

그런데 만약 집밥과 외식의 기준을 먹는 장소가 아닌 만드는 장소로 삼는다면, 도시락은 집밥에 해당하고, 배달 음식은 외식에 해당할 것입니다.

그리고 가정간편식(Home Meal Replacement, HMR)도 집에서 데워 먹더라도 식품회사가 만들었기 때문에 외식에 해당하게 되지요. 손질이 끝난 식재료와 양념을 넣고 정해진 순서대로 조리하기만 하면 되는 밀 키트(Meal Kit)도 외식에 해당하게 됩니다.

생각해 보기

집밥의 기준

집밥으로 볼 것이냐, 외식으로 볼 것이냐의 개념과 범위를 명확히 정하기는 쉽지 않다. 먹는 장소를 기준으로 할 것인지, 만드는 장소를 기준으로 할 것인지, 학자마다 통일된 의견이 없기 때문이다. 두 기준을 놓고 집밥을 정의할 때, 특히 도시락과 배달 음식의 소속이 달라진다.

하지만 밥을 먹는 행위와 밥을 만드는 행위, 밥을 파는 행위로 나누어 생각해 보면 장소에 대한 어떤 기준이 더 나은지 가늠해볼 수 있다. 밥을 먹는 행위는 누구에게나 예외 없이 적용되는 행위다. 밥을 만들거나 파는 사람들도 밥을 먹어야 하기 때문이다. 즉 밥을 먹는 것이 밥을 하거나 파는 것보다 훨씬 중요한 행위라고 볼 수 있다.

경제성과 효율성을 중시하는 현대 사회에서는 밥을 먹는 것보다 밥을 만들거나 파는 행위에 더 많은 가치를 부여하기 쉽다. 다시 말해, 외식업이나 식품 산업의 관점에서 밥을 본다면 밥 먹는 행위의 중요성이 간과될 수 있다는 말이다. 따라서 밥을 먹는 행위를 우선하여 본다면, 먹는 장소를 기준으로 하는 것이 바람직하다. 집에서 도시락을 싸는 경우가 많지 않고, 배달 음식과 혼밥이 급증하는 현실을 고려해볼 때, 밥 먹는 장소를 기준으로 집밥이냐 외식이냐를 판단하는 것이 보다 더 적절한 기준이라 할 수 있다.

요즘은 집에서 요리를 점점 덜 하는 경향이 있습니다. 김장하는 집이 줄어드는 것처럼, 집에서 밥을 하거나 음식을 만드는 경우도 점점 줄어들고 있습니다. 이런 흐름을 고려해볼 때 만드는 장소를 기준으로 삼는 것은 오히려 혼동을 일으킬 수 있습니다. 따라서 음식을 만드는 장소보다 먹는 장소를 기준으로 하는 것이 현실적이면서 합리적으로 보입니다.

집밥의 분류

지금까지 살펴본 집밥의 개념을 토대로 집밥을 전통적 집밥, 현대적 집밥, 간편조리식품, 배달 음식의 네 가지 유형으로 분류해볼 수 있습니다.

전통적 집밥은 '짓다'에 해당하는 집밥으로, 전업주부로서의 어머니가 지어주신 집밥이 대표적인 예입니다. 최상의 노력이 요구되는 가장 전통적인 의미에서의 집밥이지요.

현대적 집밥은 '하다' 또는 '만들다'에 해당하는 집밥으로, 차상의 노력이 요구되는 집밥입니다. 전통적인 생활양식에 따라 매일매일 어머니가 정성 들여 손수 지어주시는 밥은 아니지만, 집안의 누군가가 어떻게든 차려야만 하는 집밥이지요.

간편 조리식품은 반(半) 조리된 상태로 파는 것을 끓이거나, 완전히 조리된 것을 데우는 경우로, 맞벌이하는 가정 등에서 간편하게 먹기 좋은 집밥입니다. 마트에서 쉽게 볼 수 있는 가정간편식(HMR)이나 밀 키트가 대표적인 사례이지요.

배달 음식은 음식점에서 배달시키거나 직접 사 온 음식을 집에서 그대로 먹는 형태의 집밥입니다. 네 가지 유형의 집밥 중에 노력이 가장 적게 드는 집밥이라 할 수 있습니다.

　그밖에 함께 먹는 사람이 있는지 없는지, 있다면 누구인지 하는 관점에서 집밥을 공동체적 집밥, 개인적 집밥, 중간적 집밥의 세 가지로 분류할 수 있습니다.

　공동체적 집밥은 집에서 가족과 함께 먹는 전통적 집밥이고, 개인적 집밥은 집에서 혼자 먹는 혼밥 형태의 집밥입니다. 중간적 집밥은 소셜 다이닝(Social Dining)처럼 내 집이나 다른 장소에서, 가족이 아니라 사회적으로 관계를 맺은 사람들과 함께 먹는 중간적인 형태의 집밥입니다.

　공동체적 집밥은 가족과 함께한다는 면에서 소속감이 깊고 마음도 편안합니다. 그러나 같은 시간에 함께 먹는 것이 때때로 어려울 수 있고, 경우에 따라서는 대화 주제에 집중하기 어렵거나 불편할 수 있지요.

개인적 집밥은 먹고 싶은 것을 먹고 싶을 때 먹을 수 있다는 면에서 자유롭습니다. 다른 사람에게 신경 쓰지 않고 단출하게 먹기 때문에 마음도 편안하지요. 그러나 같은 이유로 배는 부르지만, 마음에는 허기가 지기도 쉽습니다.

중간적 집밥은 무엇을 먹는지, 누구와 먹는지를 중요시합니다. 공통된 관심사에 대해 서로 대화를 나누면서 음식 취향이 비슷한 사람들이 모여 함께 맛집을 찾아다니거나 장소를 빌려 음식을 직접 만들어 먹을 수 있다는 것이 가장 큰 장점입니다. 개인적 집밥과 공동체적 집밥의 장점만을 모은 형태의 집밥이라고 할 수도 있겠지요. 다만 이렇게 형성된 공동체는 일시적이고 비용이 많이 소요되기 때문에 집밥이 끝난 다음 마음의 공허가 있을 수 있습니다. 하지만 우리가 여기에서 말하고자 하는 '집밥의 위기'는 사실 가족과 함께하는 집밥을 말합니다. 아무리 정성을 들인 맛있는 집밥이라도, 혼자서 계속 먹는다면, 지금 우리가 느끼는 집밥의 위기는 지속될 것입니다. 그리고 지인들과 동아리 회원들과 함께 매일 밥을 나누더라도 집밥의 위기는 이어질 것입니다.

집중탐구 소셜 다이닝

소셜 다이닝의 뜻은 '소통망(SNS) 서비스를 통해 관심사가 비슷한 사람끼리 만나 식사를 즐기며 인간관계를 맺는 것'이다. 소셜 다이닝의 다듬은 말은 '밥상모임'이지만, '함께 대화하며 먹기'가 의미상 더 가깝다. 소셜 다이닝은 가족, 직장동료, 친구가 아닌 사람들이 밥상에서 함께 먹으면서 공통주제로 대화하는 것이다.

소셜 다이닝의 형식은 가정에서 손님을 초대하듯, 호스트가 게스트를 초

▌ 소셜 다이닝은 누구와 무엇을 어떻게 먹는가에 따라 다양한 형태를 띠게 된다.

대하는 형태로 이루어진다. 먼저 호스트가 음식과 대화 주제를 준비하고 인터넷 사이트나 SNS, 스마트폰 앱을 통해 게스트를 초대한다.

소셜 다이닝의 목적은 대화, 즉 공통주제에 대한 깊은 대화에 있다. 혼밥은 일인칭의 '나' 홀로 먹는 것인데, 혼자라 홀가분하지만 대화가 없고 외롭다. 가족과의 집밥은 이인칭의 '우리'가 함께 먹기 때문에 소속감을 주어 외롭지 않지만, 대화가 없거나 원하는 주제로 대화하기 어렵다. 그러나 소셜 다이닝은 삼인칭의 '그들'이 함께 먹으면서도 먹는 것보다 '대화'하는 데에 주목적을 둔다.

소셜 다이닝의 기능은 밥상을 음식공동체에서 대화공동체로 전환하면서 공감과 위로를 주는 것이다. 소셜 다이닝의 이런 기능은 상당히 효율적이다. 이것은 가족과의 집밥보다 자유로우면서 소속감도 있고 혼밥처럼 외롭지도 않기 때문이다. 낯선 사람들과 함께 먹는 불편함도 있지만, 이런 불편함은 아는 사람들과 함께 먹을 때의 불편함보다 크지 않다.

소셜 다이닝은 젊은이에게 알맞다는 특징이 있다. 젊은이에게 집밥의 기준은 '어디서 먹느냐'가 아니라 '누구와 함께 먹느냐'이기 때문이다. 젊은

이들은 집같이 편안하고 아늑한 분위기에서 집밥 못지않은 양질의 밥을 자신과 취향이 같고 감정을 공유할 수 있는 사람들과 함께 먹으며 대화하는 것이 혼밥이나 가족과의 집밥보다 더 즐겁다고 생각한다.

그렇지만 소셜 다이닝은 집밥으로서의 한계도 지니고 있다. 소셜 다이닝은 일시적 공동체로서, 가족공동체처럼 반영구적이 아니므로 지속성에 한계가 있다. 일상에서 일탈하여 관심주제로 대화를 나눌 때는 행복하지만, 다시 일상으로 돌아오면 공허감이 들 수 있다. 행복이란 일시적인 것이 아니라 지속적이고 반복적인 것이기 때문에, 소셜 다이닝이 최선의 집밥이 되기에는 근본적으로 한계가 있다고 볼 수 있다.

간추려 보기

- 집은 공간과 공동체의 의미가 있다.
- 밥은 끼니로서의 밥과 조리된 음식으로서의 두 가지 의미가 있다.
- 집밥은 집에서 먹는 음식이면서, 집에서 만들 수도 있고 아닐 수도 있는 음식이다.
- 집밥이냐 아니냐의 기준은 먹는 장소로 구별하는 게 적절하다.
- 집밥은 원래의 집밥 개념을 기준으로 전통적 집밥, 현대적 집밥, 간편조리식품, 배달 음식으로 나눌 수 있다.
- 집밥은 함께 먹는 관점에서 공동체적 집밥, 개인적 집밥, 중간적 집밥으로 나눠볼 수 있다.

2장 집밥은 엄마 몫?

좋은 식당의 맛있고 건강한 음식을 '집밥' 같다고 칭찬할 때가 있습니다. 그러나 아무리 '집밥' 같은 음식이라도 돈을 받고 팔기 때문에 순수한 집밥으로 보기는 사실 어렵습니다. 사랑, 정성, 추억이 담긴 집밥에는 돈으로 살 수 없는 가치가 들어있기 때문이지요. 이런 집밥을 가족에게 제대로 챙겨주지 못해 미안해하는 엄마의 마음이 참 안쓰럽게 느껴집니다. 그런데 여기서 한 가지 의문이 생깁니다. 왜 엄마만 집밥 때문에 미안한 마음이 들어야 할까요?

남녀평등

훌륭한 경력, 안정된 직장, 높은 연봉, 존경받는 지위, 적당한 여가. 이것들은 사회생활을 하며 노동을 하는 인간이라면 누구나 원하는 조건들입니다. 노동에 있어 남녀평등의식이란 남성과 여성이라는 생물학적인 성, 그리고 사회적인 성 역할로 정의되는 젠더의 구분이 위에 언급한 조건들에 영향을 미쳐서는 안 된다는 사고방식을 뜻합니다. 오늘날 이러한 남녀평등의식은 더디긴 하지만 사회 전반에 널리 확산되어가고 있지요.

한국 사회의 노동 현실에서 남녀평등을 가로막는 가장 큰 장애물은 경제활동을 하는 여성이 육아와 가사 부담을 동시에 짊어져야 한다는 현실입니다. 몇 년 전부터 심각한 사회문제로 논의되고 있는 혼인율과 출산율의 저하는 이러한 현실에서 비롯된 결과라 할 수 있습니다. 이것이 사회 및 경제 발전의 발목을 어떻게 잡게 될지에 대해서는 아직 갑론을박이 진행되고 있습니다. 이 논란은 우리의 주제인 집밥과 밀접한 관련이 있습니다.

앞 장에서 설명했듯이 전통적인 집밥은 어머니가 짓는 밥을 의미합니다. 여성의 취업 비율이 증가함에 따라 맞벌이 가구의 수가 늘어나면서, 전통적인 집밥뿐만 아니라 집에서 밥을 해 먹는 비율 또한 감소하리라 예측해 볼 수 있습니다. 그런데 맞벌이 여부가 집밥의 비율에 정말로 영향을 미칠까요?

더 정확히 말하면, 여성의 경제활동 증가와 집밥 비율의 감소에 어떤 인과관계가 있다고 말할 수 있을까요?

먼저 2인 이상의 맞벌이 가구와 맞벌이가 아닌 가구의 연도별 집밥 비율을 나타낸 다음 표와 그래프를 살펴보도록 하겠습니다.

2인 이상의 맞벌이 가구와 맞벌이가 아닌 가구의 연도별(1990~2015) 집밥 비율의 변화 비교

출처: 통계청. 2019. 국가통계포털. 가계동향조사.

연도	맞벌이 가구				맞벌이가 아닌 가구			
	집밥(원)	외식(원)	식비(원)	집밥(%)	집밥(원)	외식(원)	식비(원)	집밥(%)
1990	151,969	49,988	201,957	75.2	161,908	47,660	209,568	77.3
1995	218,745	136,241	354,986	61.6	235,334	119,179	354,513	66.4
2000	247,827	220,882	468,709	52.9	249,010	174,010	423,020	58.9
2005	284,646	312,832	597,478	47.6	272,777	236,440	509,217	53.6
2010	327,178	347,306	674,484	48.5	315,410	258,559	573,969	55.0
2015	373,314	409,015	782,329	47.7	343,037	293,669	636,706	53.9

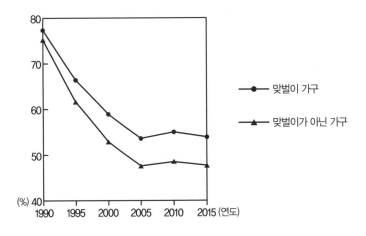

표와 그래프를 보면 맞벌이 가구와 맞벌이가 아닌 가구 모두, 1990년 70% 수준에서 계속 감소해 2000년 50% 수준으로 떨어졌고 2005년부터는 크게 감소하지 않고 유지하는 경향을 보입니다. 맞벌이 여부에 상관없이 집밥 비율이 전체적으로 감소한 것입니다.

먼저 맞벌이를 하는 가구에서 집밥 비율이 감소한 이유는 어렵지 않게 분석해볼 수 있습니다. 부부가 모두 일을 한다면 전통적인 의미의 집밥을 집에서 해 먹는 일은 당연히 어려워집니다. 이는 통계를 통해서도 확인해 볼 수 있습니다. 2005년 이후의 수치를 자세히 비교해보면, 맞벌이 가구의 집밥 비율이 47.6~48.5%를 보이는 데에 비해, 맞벌이가 아닌 가구의 경우에는 53.6~55.0%를 보입니다. 다시 말하면 맞벌이가 아닌 가구보다 맞벌이하는 가구에서 집밥을 해 먹는 비율이 5.1~7.4% 더 낮습니다. 맞벌이했을 때는 아무래도 집밥을 먹을 기회가 줄어들 수밖에 없겠지요. 이 통계에서 눈여겨봐야 할 것은 맞벌이하지 않는 가구에서도 집밥 비율이 감소했다는 결과입니다. 결과의 의미를 분석하기 전에 먼저 이 통계에 드러나지 않는 사실을 하나 염두에 둘 필요가 있습니다. 한국사회의 많은 여성은 아직 직장생활과 가사·임신·출산·육아라는 이중부담을 홀로 짊어져야 하는 현실에 놓여있습니다. 여성이 직장을 다니고 있는 중에는 맞벌이 가구 통계에 포함되지만, 직장을 도중에 그만두면 포함되지 않지요. 즉 맞벌이가 아닌 가구의 통계에는 처음부터 전업주부였던 여성뿐만 아니라 경력단절 여성도 포함된다는 사실을 고려해야 합니다.

아래의 표에서 볼 수 있듯이, 여성의 경제활동 참가율이 남성보다 훨씬 낮은 데에는 위와 같은 원인이 크게 작용하고 있습니다. 표를 보면 경제활동 참가율은 여성이 49.2에서 52.2%로 서서히 증가하고 있습니다.

연도별 남녀의 경제활동참가율 비교표

출처: 통계청. 2019. 국가통계포털. 경제활동인구조사.

연도	경제활동참가율(%)	
	남성	여성
2012	71.4	49.2
2013	72.0	49.9
2014	72.1	50.1
2015	71.8	50.0
2017	73.2	52.2

이와 같은 배경을 전제한 상태에서 맞벌이하지 않는 가구의 집밥 비율이 감소하는 원인은, 남녀평등의식의 확산 역시 한몫을 하고 있음을 알 수 있습니다. 이제 이 설명의 근거들을 살펴보도록 하겠습니다.

아래에 있는 표와 그래프는 통계청 보도자료 '한국인의 생활시간 변화상
(1999년~2014년)'을 토대로 작성한 자료입니다. 전통적인 남녀 역할분담에 대하
여 반대하는 사람의 비율은, 남녀응답자 공통으로 2004년, 2009년, 2014년 각
각 57.9% → 60.9% → 64.3%로 점차 증가하는 반면, 찬성하는 사람의 비율은
42.1% → 39.1% → 35.7%로 감소하고 있음을 알 수 있습니다. 남녀 응답자를
따로 봤을 때 반대하는 비율은 여성이 남성보다 거의 2배가량 더 많습니다.

전통적인 성 역할(남성은 일, 여성은 가정)에 대한 남녀의 인식 차이 변화

단위(%)

구분		찬성	적극 찬성	약간 찬성	반대	적극 반대	약간 반대
2004	계	42.1	4.7	37.4	57.9	50.7	7.3
	남성	49.2	6.1	43.1	50.8	46.8	4.0
	여성	35.2	3.4	31.9	64.8	54.4	10.4
2009	계	39.1	3.9	35.3	60.9	52.1	8.8
	남성	45.0	4.7	40.2	55.0	49.7	5.4
	여성	33.4	3.0	30.4	66.6	54.5	12.1
2014	계	35.7	5.8	29.9	64.3	43.0	21.3
	남성	43.4	7.0	36.3	56.6	43.3	13.4
	여성	28.3	4.7	23.6	71.7	42.8	28.9

통계 항목을 조금 더 자세히 분석해 보겠습니다. 성에 따라 역할분담을
나눠야 한다는 전통적인 인식에 적극 찬성은 5% 미만인 데 비해 적극 반대
는 40~50% 비율로 월등히 높습니다. 반면 약간 찬성하는 비율은 30%대에
서 소폭 감소하고 있고, 약간 반대하는 비율은 7~8%대에서 21.3%로 대폭
증가하고 있지요. 이는 남녀 모두가 전통적인 남녀 역할분담에 문제가 있다

고 동의하는 경향이 있음을 보여줍니다.

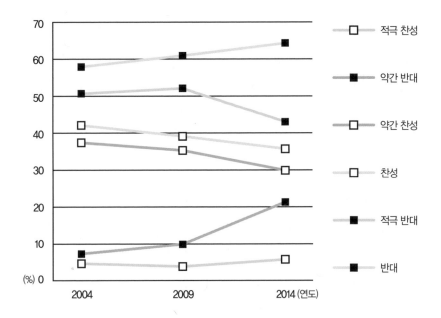

기존의 주류 경제학은 가사노동을, 소득을 직접적으로 창출하는 생산 활동으로 보지 않았습니다. 하지만 요즘은 돈으로 환산하기 어려운 무급 가사노동의 가치를 유급 노동과 같은 수준으로 인정하고 존중하는 추세입니다. 이런 관점에서 보면, 맞벌이하지 않는 가구에서도 집밥의 비율이 내려가는 현상은 여성의 경제활동 참여 증가 여부와 상관없이 남녀평등의식의 확산으로 잘 설명해낼 수 있습니다.

여성이 일하게 되어 집밥을 하지 못한다는 해석에는 집밥을 하는 주체가 '남성'이 아닌 '여성'이어야 한다는 전제가 깔려 있습니다. 하지만 남녀평등의식의 차원에서 볼 때 집밥을 누가 하느냐는 무의미한 생각입니다. 이러한 관점에서 우리가 재조명해야 하는 집밥은 전통적인 의미의 집밥이 아니라 현대적인 의미의 집밥이 됩니다. 물론 앞으로 근로자의 평균 노동시간이 더 줄어들고, 더욱더 많은 사람이 저녁이 있는 삶을 살게 된다면, 단순히 집밥을 '해 먹는'게 아니라 옛날처럼 정성을 다해 '지어 먹는' 집밥이 다시 늘어날 수도 있습니다. 하지만 이런 집밥은 전통적인 집밥과는 다를 수 있습니다. 이때의 집밥의 맛은 '어머니의 손맛'이 아니라 '아버지의 손맛'으로도 충분히 훌륭할 수 있으니까요.

하지만 남녀평등의식이 사회 전반에 완전히 정착되기까지는 아직 요원해 보입니다. 2016년 조사 결과 가사를 공평하게 분담해야 한다고 생각하는 사람은 절반을 넘었지만, 실제로 가사를 공평하게 분담하는 남성은 17.8%밖에 되지 않았습니다.[5] 다음 자료는 그러한 현실을 더욱 분명히 보여줍니다. 아래에는 2009년 성인 남녀가 가족과 함께하는 생활시간량이 나타나 있습니다.

가족과 함께하는 생활시간량 합계를 보면 여성은 288분, 남성 93분으로 여성이 남성보다 3배가량 더 많은 시간을 보내고 있음을 알 수 있습니다. 특

2009년 가족과 함께하는 생활시간량(분)

출처: 여성가족부. 2009. 가족과 함께하는 생활시간량.

구분	남성	여성
가족과의 식사	35	42
가정 관리	30	168
가족 보살피기	11	47
가족·친척과의 교제	8	11
관련 이동 시간	9	20
합계	93	288

히 가정 관리, 즉 가사노동과 관련해서는 5배가 넘는 시간을 할애하고 있습니다. 이와 관련해 조금 더 구체적인 자료를 살펴보겠습니다.

다음 표는 2014년 성인 남녀의 가사노동시간을 평일, 토요일, 일요일로 구분한 것입니다. 성인 남성의 가사노동 평균 시간은 평일엔 30분에서 39분으로 소폭 증가하였고 주말의 경우에는 40분대에서 20여 분가량 더 증가했습니다. 하지만 이 증가 수치도 여성에 비하면 몇 배나 작습니다. 여성은 주중 주말 가리지 않고 3시간에서 4시간가량을 가사노동에 할애하고 있기 때문입니다.

성인남녀의 요일별 가사노동 시간

단위(시간:분). 출처: 여성가족부. 2009. 가족과 함께하는 생활시간량.

성별	평일				토요일				일요일			
	1999	2004	2009	2014	1999	2004	2009	2014	1999	2004	2009	2014
남성	0:30	0:31	0:35	0:39	0:35	0:43	0:56	1:01	0:47	0:56	1:08	1:13
여성	4:01	3:41	3:33	3:25	4:05	3:49	3:50	3:37	3:57	3:42	3:43	3:33

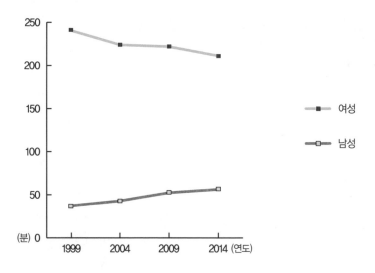

성별에 따른 전통적인 역할분담에 대한 인식에 대해서는 남녀가 공통으로 반대하고 있음에도, 이처럼 가사노동의 실질적인 역할분담이 남녀에게 균등하고 합리적으로 이루어지고 있지 못한 상황에서, 맞벌이하지 않는 가구의 집밥 비율이 큰 폭으로 감소했다는 결과는 우리에게 큰 의미를 선사합니다. 청소와 빨래, 육아 등 모든 종류의 가사노동 가운데 밥을 차려 먹는 일은 단연코 가장 정기적이면서 필수적이고 많은 시간을 할애하는 노동에 해당합니다. 이런 상황에서 전통적인 집밥을 지어 먹는 것은 남녀 모두에게 큰 부담입니다. 하지만 어찌 됐든 인간은 밥을 먹으며 살아가야 합니다. 전통적인 집밥의 비율이 줄어들었다면 그 빈자리를 무엇으로 채우게 된 걸까요? 이와 관련해 다음 두 가지 통계를 차례로 살펴보겠습니다. 아래 표는 2018년 가족 구성원들과의 외식 여부를 조사한 결과입니다.

가족구성원들과의 집밥/외식 여부

출처: 한국농촌경제연구원. 2018. 2018 식품소비행태조사 통계보고서. p.354.

구분	집밥만 먹는다(%) A	외식도 한다(%) B	B/A
맞벌이 가구	9.3	90.7	9.8
맞벌이 아닌 가구	15.7	84.3	5.4

맞벌이 가구의 경우 응답한 1,323가구 가운데, 집밥만 먹는다(A)가 9.3%, 외식도 한다(B)가 90.7%로, 맞벌이 아닌 가구의 경우 집밥만 먹는다(A)가 15.7%, 외식도 한다(B)가 84.3%로 나타났습니다. 외식도 한다와 집밥만 먹는다의 비(B/A)는, 맞벌이 가구의 경우 9.8배인 반면, 맞벌이 아닌 가구의 경우 5.4배로 나타났습니다. 아무래도 맞벌이의 외식비율이 높은 것은 당연한 현

상이라고 볼 수 있지요. 더불어 성인남녀의 외식비율에 대한 자료도 살펴보겠습니다.

19세 이상 성인 남녀의 하루 1회 이상 외식률(2008~2017)

출처: 통계청. 2019. 국가통계포털. 하루 1회 이상 외식률 추이.

연도	하루 1회 이상 외식률(%)		
	전체	남성	여성
2008	24.7	34.9	14.1
2009	25.6	36.6	14.2
2010	26.8	38.8	14.3
2011	29.4	41.6	16.8
2012	25.6	36.5	14.4
2013	31.9	45.2	18.1
2014	30.6	43.3	17.3
2015	31.3	43.1	19.2
2016	32.3	45.8	18.3
2017	30.1	41.2	18.4

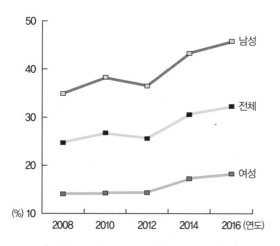

자료를 보면, 남성의 외식률이 34.9~45.8%인 것에 비해, 여성의 외식률은 14.1~19.2%로 나타납니다. 이 수치는 집에서 밥을 해 먹지 않는 남성의 비율과 집에서 밥을 해 먹는 여성의 비율이 높을 것이라는 추론의 근거가 될 수 있습니다. 맞벌이가 아닌 가구에서 집밥의 비율이 낮아지고 있는 통계를 미루어 봤을 때, 이때 여성이 먹는 집밥은 전통적인 집밥이 아니라 현대적인 집밥, 배달 음식이나 테이크아웃, 간편조리식임을 의미할 확률이 높겠지요.

이제 위에서 살펴본 모든 통계의 의미를 간단히 정리하면서 우리가 던졌던 첫 질문에 대한 답을 해보겠습니다. 맞벌이 여부가 집밥의 비율에 정말로 영향을 미칠까요? 더 정확히 말하면, 여성의 경제활동 참여가 증가하는 것과 전통적인 집밥의 비율이 감소하는 것에 어떤 인과관계가 있다고 말할 수 있을까요?

"맞벌이를 하기 때문에 집밥을 먹게 되는 비중이 줄어든다.", "많은 여성이 남성과 같이 직장생활을 하게 되면 식탁 위에 전통적인 집밥이 오르게 될 일은 줄어든다." 일견 이러한 해석은 타당해 보입니다. 그동안 한국 사회에서 집밥의 주체는 여성이었기 때문이지요. 하지만 다른 해석도 가능합니다.

맞벌이 가구에서 집밥의 비율은 줄어들었지만, 맞벌이하지 않는 가구에서도 집밥의 비율이 줄어들었습니다. 맞벌이하지 않는 가구의 여성은 가정에 더 매이기 때문에 여성의 하루 1회 외식률이 남성보다 낮을 수밖에 없습니다. 그렇다고 해서 맞벌이가 아닌 가구의 집밥의 비율은 높아지지 않고 오히려 감소했습니다. 2005년 이후부터는 그 비율이 50%대에서 일정 수준으로 유지되고 있습니다. 여성이 경제활동에 참여하는 비율은 남성보다 1.5배 가까이 낮고 가사를 돌보는 일에는 3배가량 많은 시간을 더 쏟고 있지만, 남자는 바깥일을 해야 하고 여자는 집안일을 해야 한다는 전통적인 인식에서는 남녀 모두 반대가 늘고 찬성이 주는 쪽으로 바뀌고 있습니다.

이러한 인식의 변화는 남성과 여성이 가사를 공동으로 부담하게 만들고, 집밥을 하는 주체 또한 성별에 구속되지 않게 합니다. 이러한 관점에서 본다면 맞벌이 가구가 늘어나는 현상과 집밥의 비율이 낮아지는 것과 직접적인 인과관계가 성립하기 어렵다고 할 수 있습니다.

알아 두기

성불평등지수 GII

한 국가의 성평등 수준은 성불평등지수(Gender Inequality Index, GII)로 나타낼 수 있다. 성불평등지수가 '0'이면 완전 평등으로, '1'이면 완전 불평등으로 판단한다. 성불평등지수는 유엔개발계획(UNDP)이 2010년부터 각국의 성 불평등 정도를 측정하여 발표하는 지수로, ①생식 건강, ②여성 권한, ③노동 참여 영역에서 남녀의 수준과 격차를 고려한 지수다. 2017년 우리나라의 성불평등지수는 0.063점으로 189개국 중 10위를 기록했다. 이 조사 결과에 따르면 한국은 상대적으로 성 평등 수준이 높은 국가라고 할 수 있다.

2017년 OECD국가(일부)의 성불평등지수

출처: 여성가족부. 2018. 2018년 성불평등 지수(GII).

국가명	순위	점수
스위스	1	0.039
덴마크	2	0.040
네덜란드	3	0.044
대한민국	10	0.063
독일	14	0.072
프랑스	16	0.083
일본	22	0.103
영국	25	0.116
중국	36	0.152
미국	41	0.189

간추려 보기

- 여성과 집밥 문제는 맞벌이, 남녀평등, 여성의 경제활동, 부부 가사분담과 맞물려 있다.
- 맞벌이 여성들은 유급 노동과 가사노동의 이중부담을 지고 있다.
- 맞벌이 가구의 집밥 비율과 맞벌이가 아닌 가구의 집밥 비율은 모두 지속적인 감소세를 보이다가 2005년부터 비슷한 값을 유지한다.
- 집밥 비율의 감소는 남녀평등의식의 사회 확산도 한 요인으로 해석할 수 있다.

3장 집밥과 부성

'여자는 약하지만, 어머니는 강하다'라는 말이 있습니다. 그런데 여자가 왜 약하지? 엄마는 무조건 천하무적 슈퍼히어로여야만 하나? 독자 여러분 중에서 이런 의구심이 드신 분이 있다면 모성만큼이나 부성도 중요하다고 항변할지 모르겠습니다. 그렇다면 집밥에서 부성은 과연 어느 정도의 위치를 차지하고 있는 걸까요?

우리는 앞에서 남녀평등의 관점에서 집밥의 주체와 의미가 변해가는 과도기 단계에 있는 한국사회의 면면을 짚어보았습니다. 하지만 남녀평등과 모성이 꼭 **양립 불가능**한 개념이라고 생각할 필요는 없습니다. 집밥을 먹으며 자란 아이와 아이에게 집밥을 지어주는 어머니 사이에서 생기는 유대감은 아직 우리 사회의 많은 사람의 기억 속에 강력히 남아 우리의 삶에 영향을 주고 있기 때문입니다. 이러한 맥락에서 모성을 설명하는 여러 가지 관점들을 통해, 오늘날 집밥의 가치가 재조명되는 상황을 짚어보고자 합니다. 나아가 부성과 집밥의 관계를 고찰해 봄으로써 궁극적으로 집밥에 있어 모성과 부성의 조화 가능성을 살펴보고자 합니다.

첫째, 모성의 생물학적 관점입니다.

모성은 종족을 보존하기 위해 자연적으로 선택된 본능이라고 합니다. 이러한 본능으로 인해 엄마가 되면 뇌의 구조가 달라진다고 하지요. 임신 6개월에서 출산 후 6개월까지 엄마의 뇌를 촬영한 결과, 복잡성이나 유연성과 관련된 뇌 부위는 커졌고, 사고, 판단, 인지와 관계된 뇌 부위는 작아졌습니다. 여기서 복잡성이나 유연성 증가는 아기를 돌보는 능력이 더 잘 발휘되도록 돕는다는 것이지요.[6]

모성애, 즉 어머니의 본능적인 자식 사랑은 우리 몸에 흐르는 옥시토신(Oxytocin)이라는 호르몬의 작용 때문으로 알려져 있습니다. 옥시토신은 아기를 낳을 때 자궁을 수축시켜 진통을 유발하고 분만이 쉽게 이루어지게 합니다. 또한 젖의 분비를 촉진시켜 수유를 준비하게 하는 역할도 하지요.

▌ 우리가 태어나 처음 먹게 되는 집밥은 모성의 산물이다.

옥시토신은 출산 시에만 분비되는 것이 아니라 평상시에도 분비되며, 이 때는 사랑의 묘약으로 작용하여 친밀감을 느끼게 합니다. 예를 들면 산모가 아기에게 강한 정서적 유대감을 느끼는 것도 이 호르몬의 작용이지요.[7] 어머니는 출산 후 모유 수유부터 시작하여, 이유식을 거쳐, 단계적으로 아기에게 밥까지 먹이게 됩니다. 모성의 생물학적 관점에서 볼 때 어머니의 집밥은 경제적 여건에 따라 양이나 질이 달라질 뿐, 그 본질은 변하지 않습니다. 어머니가 집밥이고, 집밥이 어머니인 셈이지요. 어머니가 자식에게 느끼는 강력한 유대감의 원천인 옥시토신의 작용이 어머니가 손수 지어주신 집밥의 정성과 맛을 결정짓는 요인 중 하나이기 때문입니다.

둘째, 모성의 이데올로기적 관점입니다.

이데올로기(Ideology)는 집단의 신념체계고, 모성의 이데올로기는 자녀 양육에서 여성의 성 역할을 규정하는 용어입니다. 이 이데올로기는 여성이 모성애라는 생물학적 본성을 지니고 있기 때문에 자녀 양육에서 남성과 차이가 있고, 어머니가 돌봄 역할을 잘 해낼 것이라고 사람들이 기대하게 하는 사회적 신념이지요.

모성 이데올로기의 영향력은 이혼 가구의 양육권 및 친권 통계를 나타내는 다음 표를 보면 쉽게 알 수 있습니다.[8] 이혼 가구의 양육권 및 친권은 모자(母子) 가구 및 부자(父子) 가구 전체에서 93.2~98.9%의 비율을 보이지만, 모자 가구의 양육권이 부자 가구의 경우보다 1.75배, 친권은 1.69배 높은 것으로 나타났습니다. 이것으로부터 자녀 양육에서 어머니가 돌봄 역할을 잘 해낼 것이라고 믿는 모성에 대한 사회적 이데올로기를 확인할 수 있지요.

이혼 가구의 양육권 및 친권 여부

출처: 통계청, 2019, 국가통계포털, 이혼 가구의 양육권 및 친권 여부.

이혼 가구	가구수	양육권 소유	A/B	친권 소유	A/B
모자 가구(A)	1,242	1,203 (96.9%)		1,157 (93.2%)	
부자 가구(B)	696	688 (98.9%)	1.75	684 (98.3%)	1.69
계	1,938	1,891 (97.8%)		1,841 (95.2%)	

그러나 모성 이데올로기와 집밥의 관계는 오늘날 훨씬 복잡해졌습니다. 한국에서는 오래전부터 1970년대의 산업화 시기까지 주로 남편의 수입에 의존해 살림하는 여성이 전업주부로서 가사와 자녀 양육을 전담해 왔습니다.[9]

▌ 영화 '82년생 김지영'의 한 장면

그러나 최근 여성의 사회 참여와 맞벌이가 늘어나면서 상황이 많이 달라졌지요. 그런데도 우리 사회에서는 아직도 여성이 자녀 양육을 더 잘하기 때문에 양육과 관련된 일을 전담해야 한다는 이데올로기가 주도적입니다.[10]

개인적 차원에서는 모성 이데올로기를 거부하더라도, 사회적 차원에서는 모성 이데올로기로부터 자유롭지 않다는 것이지요.[11] 과거의 규범(남성은 일, 여성은 살림)과 달라진 가치관(남성도 일, 여성도 일, 살림은 함께)의 이질적인 성 역할 태도가 공존하는 상황입니다. 이는 앞서 2장에서 살펴본 것처럼, 우리 사회가 젠더 문제에 있어 과도기 단계에 있기 때문에 일어나는 현상이라고 이해할 수 있습니다.

즉 과거에 살림을 도맡았던 어머니들은 식구에게 전통적인 집밥을 지어줄 수 있었지만, 일도 하고 가정 살림도 하는 현재의 어머니들은 자녀에게 정성 들여 지은 집밥을 해주고 싶어도 그 질을 높이기 어렵고, 이미 만들어진 음식이나 식품을 사다 주거나 외식으로 대체하는 경우가 많을 수밖에 없는 조건입니다. 어떤 어머니들은 이때 자식에게 미안한 마음을 가질 수도 있겠지요. 또 상대적으로 양질의 집밥을 먹을 수 있는 경제적, 시간적 여유가 있는 가정의 아이들과 그렇지 못한 아이들 사이에서 모성의 경험이 달라질 가능성도 생기게 됩니다. 이러한 상황은 전통적인 집밥의 가치를 희석하면서 동시에 분명하게 하는 이중적인 모습을 띠게 할 수 있지요. 다시 말해 모성 이데올로기는 전통적 의미의 집밥의 질은 낮아지게 할 수 있지만, 집밥의 필요성과 당위성을 더 요구하는 역할을 할 수 있습니다.

셋째, 모성의 신화적 관점입니다.

새 생명의 출산은 남성이 아닌 여성과 불가분의 관계에 있습니다. 모든 생명체의 어머니가 대지라고 생각하는 대지모신(大地母神) 사상은 꽤 일찍부터 있었지요. 대지모신은 땅이 가진 특성을 모성 원리에 빗대어 인격화한 신으로, 생명의 근원, 생식 능력, 풍요 따위를 상징합니다. 대지모신 사상은 구석기 시대부터 존재했을 것으로 추정하는데, 농경 이전의 수렵이나 유목 문화 단계에서 대지모신을 숭배했다는 사실로부터 입증되고 있습니다. 대지모신을 숭배하던 **모계제** 사회에서는 여성이 중요한 역할을 수행했습니다. 그렇지만 남성도 외부침략을 막는 등 필요한 역할을 수행했기 때문에 여성이 남성보다 우위라기보다 남녀의 관계가 대등했다고 볼 수 있지요. 한국사만 국한해 보더라도 고려 시대까지는 남녀의 사회적 위상과 권위가 대등했다는 사실을 여러 문헌을 통해 확인해볼 수 있습니다. 그러다가 가부장제가 성립되면서 대지모신의 권위가 추락하였고, 남녀의 대등한 관계도 달라지기 시작했습니다. 역사의 주요 단계마다 남성 위주의 신화가 써지면서, 여성은 남성보다 앞설 수 없는 존재로 인지되었지요.[12] 집밥과 관련된 모성 신화의 사례로는 그리스 신화의 데메테르(Demeter)와 고구려 신화의 유화부인을 들 수 있습니다.

데메테르는 대지, 풍요, 곡물, 어머니를 상징합니다.[13] 데메테르는 대지모신으로 비교적 남성 중심인 올림포스 신들이 등장하기 훨씬 전부터 그리스 각처에서 숭배되었습니다. 후대로 가면서 곡물의 성장과 땅의 생산력을 주관하는 대지의 여신으로 자리 잡게 되었지요. 고구려 신화에는 유화가 주몽에게 오곡의 씨앗을 준 것으로 씌어있습니다. 농업에 중요한 밭곡식을 제공한 유화부인은 농경민들이 신봉하던 '대지모신' 사상과 관련이 깊습니다. 그러나 유화부인도 모권 사회가 아니라 가부장제로 전환한 남성 중심의 사회를 위한 이데올로기로 활용되었다고 볼 수 있지요.[12]

알아 두기

■ 페르세포네를 납치하는 하데스. 그리스 마케도니아의 베르기나에 있는 무덤 속에 그려진 벽화다. 기원전 340년경 그려진 것으로 추정된다.

데메테르와 페르세포네

데메테르 여신의 딸인 페르세포네는 하계의 신 하데스에게 납치되어 그의 아내가 되었다. 데메테르는 횃불을 들고 9일을 밤낮없이 물 한 모금도 마시지 않으면서 사라진 딸을 애타게 찾아다녔다. 열흘째 되는 날 딸의 행방을 알게 된 데메테르는 상심하여 거처에 틀어박혀 꼼짝도 하지 않았다. 딸을 잃은 데메테르가 곡물을 자라게 하는 임무를 다하지 않자, 대지는 메말라 갈라지고, 곡식이며 초목이 더 자라지 못해 사람들이 굶어 죽었다. 데메테르와 하데스 사이에서 고민하던 제우스는, 절충안으로 페르세포네를 어머니 데메테르의 나라와 하데스의 나라 사이를 왕래하며 살게 하였다. 그래서 페르세포네는 대지에 밀의 씨앗을 뿌릴 때 지상으로 올라와 어머니 곁에서 지내다가 밀의 수확이 끝나면 다시 하계로 내려가 남편 하데스와 살게 되었다(지중해성 기후인 그리스 지방에서는 밀을 가을에 파종하여 초여름에 수확한다). 이때부터 페르세포네가 어머니 데메테르의 품을 떠나 하계에 머무는 넉 달 동안은 땅에서 아무것도 자라지 못하는 불볕더위가 기승을 부리게 되었다. 이 기간에는 비도 내리지 않았다.

▌ 모성 신화의 양극단을 보여주는 영화 '마더'와 '케빈에 대하여'

오늘날 모성 신화는 어머니라는 존재를 어떤 시련과 고난도 영웅적인 힘으로 이겨내고 극복하는 존재로 그려냄으로써 양육과 가사부담을 여성에게 전담시키는 논리의 근거로 활용되는 측면이 있습니다. 이런 면에서 보자면 앞서 살펴본 모성 이데올로기 역시 같은 맥락에서 이해될 수도 있습니다. 하지만 모성 신화와 모성 이데올로기가 남성 중심사회를 옹위하는 데 쓰인다 하더라도, 어머니와 모성 그 자체가 가진 생명의 근원이자 원천으로서의 순수한 이미지는 왜곡되거나 변질될 수 없습니다.

　우리 사회를 비롯하여 전 세계는 아직 남녀평등이 완벽하게 이루어지지 않은 상태입니다. 그러나 바로 그렇기 때문에 우리는 남성 중심 이데올로기를 옹위하는데 활용되는 모성이 아니라, 생명의 근원으로서 상징되는 모성 본연의 의미를 되새기고 응용해야 합니다. 진정한 남녀평등은 여성의 남성화나 남성과의 동일시를 의미하는 것이 아니기 때문입니다. 오늘날 남성은 기존의 전통적인 남성성을 요구하고 강요하는 사회에서 벗어나, 자기 내면에 있는 여성성을 표현하고 강조하는 것이 얼마나 자연스럽고 행복한 일인지 공감받을 수 있는 사회에 살고 있습니다. 이는 여성에게도 마찬가지입니다. 남성이 내면에 지닌 여성성에 힘입듯, 여성도 내면에 지닌 남성성에 힘입어, 통합된 여성으로서 여성만의 고유한 특성을 새롭게 발견하는 것이 장려되는 사회가 도래했습니다. 이러한 맥락에서 우리는 여성에게서 비롯되는 생명의 본질을 다시금 새롭게 이해해야 한다고 말해볼 수 있습니다. 예를 들면 어머니와 모성의 대표적인 표현형인 집밥에서 이끌어낼 수 있는 사랑과 정성의 가치를 남성들이 배우고 실천해 보는 형태가 있을 수 있겠지요. 나아가 생명의 근원을 존중하는 모성 신화의 가치는 남성과 여성에서 나아가 모든 인간 일반에게 영향을 미칠 수 있습니다. 집밥의 재료가 되는 작물과 가축들을 기르고 수확·도축하는 과정과, 집밥이 공장에서 가공되어 유통되고 소비되는 과정에서 요구되는 윤리의식은 생명을 존중하고 다른 생명과 공생할 수 있는 방법을 고민하게 만들기 때문입니다.

우리는 지금까지 모성과 집밥의 관계를 생물학적, 이데올로기적, 신화적인 관점으로 살펴봄으로써 모성과 집밥의 양립 가능성을 가늠해보았습니다. 그러면 집밥과 부성의 관계는 어떨까요?

부성(父性)은 남성이 아버지로서 가지는 정신적·육체적 성질이고, 부성애는 자식에 대한 아버지의 본능적인 사랑을 말합니다. 먼저 생물학적 관점에서 부성과 집밥의 관계를 살펴보겠습니다. 남성이 아버지가 되면 체내에서 호르몬의 변화가 생깁니다. 특히 남성호르몬인 테스토스테론이 줄어드는데, 감소한 만큼 부성애는 좀 더 강해진다고 합니다. 미국 노스웨스턴대학교 연구진이 젊은 남성 624명의 테스토스테론 수치를 4년 반 간격으로 측정한 결과, 미혼 남성은 호르몬 수치가 12% 줄었고, 기혼 남성은 16%가 줄었는데, 자녀가 있는 남성은 무려 26%나 줄어든 것으로 나타났습니다. 특히 자녀가 있는 남성 중에서도 자녀를 오랜 시간 돌보는 아버지는 자녀를 전혀 돌보지 않는 아버지보다 호르몬 수치가 20%나 낮았다고 합니다.[14] 이와 달리 증가하는 호르몬도 있습니다. 프로락틴(Prolactin)은 여성의 젖 분비 자극 호르몬인데, 여성에 비하면 미미한 수준이지만 남성도 아내가 임신 후기로 갈수록 프로락틴이 증가한다고 합니다. 프로락틴은 유대감 형성 등의 역할도 하는데, 특히 남성이 아기를 안고 있을 때 증가한다고 합니다.[15] 결과적으로 이러한 호르몬의 변화는 남성을 '남자'에서 '아버지'로 변신시킵니다. 이는 남성이 육아와 가사를 더 잘하도록 만들고 궁극적으로 집밥의 주체로서 역할을 할 수 있도록 돕게 됩니다.

다음으로 부성의 이데올로기적 관점에서 집밥을 살펴보겠습니다. 가부장제(家父長制)와 남아선호사상은 오랫동안 우리 사회를 지배한 이념입니다.

가부장제는 남성이 가장으로서 가족 구성원을 통솔하는 것을 사회적으로 정당화해 준 이데올로기이지요. 가부장제 안에서 부성과 부성애는 아버지가 집밖에서 열심히 일해 가족을 부양하는 것으로 정의됐습니다. 그리고 어머니는 그 반대급부로 집안에서 가사와 양육을 전담하게 되었지요. 오랜 세월 유지된 이 이데올로기는 가족 형태가 대가족에서 핵가족으로 바뀌고 여성의 사회 진출이 증가하면서 허물어지게 되었습니다. 이제 우리 사회의 부성 이데올로기는 남성에게도 가사와 양육을 요구하는 방향으로 바뀌고 있습니다. 이 시대에 좋은 아버지가 되려면 '아빠 표' 집밥 한두 가지는 할 줄 알아야 합니다.

마지막으로 부성의 신화적 관점입니다. 그리스의 신들의 세계에서 제우스는 아버지의 위상을 가진 신으로 등장합니다. 프로메테우스는 제우스가 감추어 둔 불을 훔쳐 인간에게 주었습니다. 프로메테우스가 제우스를 배신한 것은 신적인 차원의 범죄행위이기 이전에 아버지에 대한 불복종이었고, 아버지에 대한 불복종은 신에 대한 불복종보다 심각한 죄로 취급되었습니다. 이것이 그리스 신화에 반영된 부성의 원형입니다. 그리스인들은 신석기 시대의 모성 숭배를 열등한 것으로 간주하였고, 여성으로 인해 남성의 특권이 붕괴될까봐 두려워하였습니다. 이러한 두려움은 비단 그리스 신화뿐만 아니라 전 세계 곳곳의 신화 속에서 일반적으로 나타나는 경향이라고 할 수 있습니다. 일부 원시 문명을 유지하고 있는 소수집단을 제외하면 부성을 모성보다 높은 위계에 둠으로써 남성과 여성의 역할분담을 정당화하는 논리가 대부분의 국가와 민족의 신화에 깃들어 있습니다. 그러나 현대의 아버지는 더 이상 신적인 존재가 아니고 가족의 이상적인 영웅도 아닙니다. 앞서 전통적인 부성 이데올로기가 변화한 것처럼 부성 신화 역시 힘을 잃어가고 있습니다. 부엌은 남자의 공간이 아니라든가 요리는 야망 있는 남자가 선택할만한 일이 아니라는 부성 신화에 불복종한다는 표현조차 구시대적인 낡은 것이 되었습니다. 가족을 위해 집밥을 짓는 아버지의 모습은 새로운 부성 신화의 한 페이지를 장식하게 될 것입니다.

자, 이제 작은 결론을 내려 보겠습니다. 지금까지 우리는 모성과 부성을 생물학적 관점, 이데올로기적 관점, 신화적 관점에서 각각 살펴보았습니다. 이 가운데 출산과 육아 즈음에 호르몬의 변화로 생기는 생물학적인 모성과 부성은 지극히 자연스러운 현상임을 알게 되었습니다. 따라서 생물학적인 관점에서는 모성과 부성이 조화를 이룰 여지가 충분히 있다고 말할 수 있습니다.

그러나 이데올로기적 관점에서 모성과 부성의 조화를 위해서는 개선이 필요한 지점들이 있었습니다. 출산과 양육·가사에 대한 남성의 적극적인 참여가 최우선으로 중요해졌습니다. 예를 들어, 남성이 분만 과정에 참여하면 부성 애착이 증가합니다. 부성 애착과 부성 역할 자신감은 산전 교육 경험이 있고, 분만 경험 인식이 높을수록 높아진다고 합니다.[16] 물론 이데올로기의 변화는 단기간에 이루어지기 어렵습니다. 그러나 가사와 자녀 양육에 대한 남성의 적극적 참여와 여성의 사회진출 및 동등한 대우에 대한 지지가 지속적으로 이루어진다면, 이데올로기 변화는 성공적으로 이루어지리라 예상됩니다.[17] 요리와 육아 관련 TV 프로그램은 아버지 역할에 대한 불안감을 낮추고 자신감을 주는 긍정적 효과가 있다는 연구 결과는 이러한 예상을 잘 뒷받침해 줍니다.

모성과 부성의 조화는 신화적 관점에서 특히 중요합니다. 생명 존중과 같은 모성 신화의 긍정적인 면들을 제고하고 과거 부성 신화의 독단적이고 일방적인 면을 약화시켜 서로를 조화시킨다면, 우리가 남녀 평등의식에 기반해 진일보한 신화를 써냈다는 평가를 미래세대에게서 받을 수 있게 될 것입니다. 이렇게 남성의 적극적 참여와 지지로 모성과 현실이 조화를 이루게 되면, 집밥을 하는 역할에 남성도 자연스럽게 앞장서게 될 것입니다. 그렇다면 앞으로는 남성의 집밥이 당연시되는 날도 기대해 볼 수 있지 않을까요?

4장 **집밥의 가치**

앞서 살펴보았듯이, 집밥이라는 말은 2000년대 이전에는 사용되지 않았던 용어입니다. 이제는 주변에서 '집밥 먹고 싶다'라는 말을 심심찮게 들을 수 있지요. 수많은 방송 프로그램과 서적에서는 집밥을 주제로 한 콘텐츠를 생산해내며, 집에서 밥을 '짓거나 해 먹는' 삶의 가치를 계속해서 조명하고 있습니다. 이번 장에서는 집밥의 가치가 무엇인지, 왜 사람들이 집밥을 찾고 있는 것인지 짚어보고자 합니다. 이를 위해서는 먼저 집밥의 역사를 간단히 짚어볼 필요가 있습니다.

집밥의 역사

집밥의 역사를 대략 구분해본다면 1980년경과 2010년경을 기준으로 나눌 수 있습니다. 1980년 이전까지는 전통적인 집밥 시대, 다시 말하면 집밥이란 용어가 필요하지 않았던 시대였습니다. 1980년대 이후는 가계 소득과 생활 수준이 전반적으로 향상되면서 외식을 즐기고 선호하게 됨에 따라 전통적인 집밥의 역할과 영역이 점차 축소되는 시기에 해당합니다. 2010년을 넘어가면서부터는 지나친 외식에 대한 자각과 반성이 생겼고, 이로 인해 가족과 함께하는 집밥의 중요성을 되돌아보게 되었지요. 집밥과 관련하여 각 시대의 특징을 보다 더 구체적으로 살펴보도록 하겠습니다.

1960년대에는 보릿고개가 있을 만큼 먹을거리가 부족했기 때문에 오로지 집밥에 의지할 수밖에 없었습니다. 1970년대부터 산업화가 본격화되면서 식생활이 좋아지기 시작했는데, 이 시기에는 '혼·분식 장려운동'으로 먹을거리 부족과 영양결핍 문제를 해결하려 애썼지요. 1980년대에는 고도의 경제성장과 급격한 산업발달로 인해 간편성을 추구하기 시작했고, 이에 따라 패스트푸드가 급성장하였습니다. 특히 1986년 서울 아시안게임과 1988년 서울올림픽 등의 국제행사를 통해 외식이 활기를 띠었고, 햄버거, 피자, 프라이드치킨 등 패스트푸드가 급속히 확대되었지요. 1990년대에는 외국계 패밀리 레스토랑이 국내에 진출하면서 보다 고급의 외식문화가 형성되었습니다. 1990년대를 거쳐 2000년대에 들어서면서부터는 식품의 안전성과 위생과 건강에 대한 관심, 웰빙 열풍으로 인해 우리나라의 전통음식인 한식이 재조명받게 되었지요. 최근에는 집밥 열풍이 불면서 집밥과 외식이 대략 1:1의 비율로 균형을 이루고 있습니다.

우리나라의 전체 가구를 대상으로 연도별 집밥 비율의 변화를 추적한 통계표와 그래프를 보면 이와 같은 흐름을 더욱 명확하게 볼 수 있습니다.[18] 집밥 비율은 1980년부터 감소하기 시작하여 2007년에 최젓값을 보였고, 그다음부터는 약간 상승한 후 오르락내리락하면서 50%대에서 비슷한 값을 유지하는 경향을 보이지요. 집밥 대 외식의 비율이 대략 1대1 수준을 유지하고 있는 것입니다.

전체 가구의 연도별 집밥 비율의 변화

출처: 김유정 연구 논문 – 60년대 이후 아동 외식 문화에 관한 연구.
한국교육문제연구 30(2): 23~42. 2012 통계청. 국가통계포털. 2019

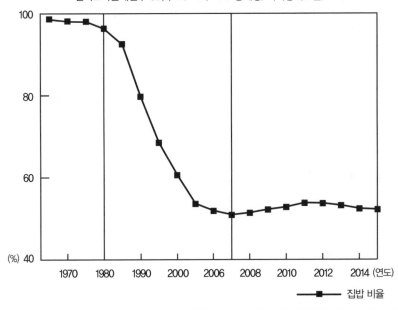

집밥 비율

연도	전체 가구			
	집밥(원)	외식(원)	식비(원)	집밥 비율(%)
1965	5,470	80	5,550	98.6
1970	11,890	230	12,120	98.1
1975	27,910	560	28,470	98.0
1980	74,627	2,871	77,498	96.3
1985	110,027	8,871	118,898	92.5
1990	175,990	44,844	220,834	79.7
1995	251,335	115,745	367,080	68.5
2000	271,028	175,990	447,018	60.6
2005	295,731	255,850	551,581	53.6
2006	248,895	230,987	479,882	51.9

2007	249,440	240,385	489,825	50.9
2008	262,175	248,106	510,281	51.4
2009	262,698	240,757	503,455	52.2
2010	279,893	249,722	529,615	52.8
2011	300,839	258,030	558,869	53.8
2012	309,755	267,099	576,854	53.7
2013	308,622	271,674	580,296	53.2
2014	308,520	280,512	589,032	52.4
2015	306,744	280,381	587,125	52.2

집밥이 재조명되는 이유

이러한 상황에서 현재 집밥이 재조명되는 이유는 크게 사회구조·현상적인 측면에서의 외적 변화 그리고 집밥이 가진 본질적인 측면에서의 내적 변화로 구분해볼 수 있습니다.

1) 외적인 측면에서의 변화

소확행

먼저 2000년대 중반 이후부터 현재에 이르기까지, 전체 가구의 식비에서 외식과 집밥의 비율이 1:1 수준을 유지하게 된 원인을 분석해보겠습니다. 우리나라의 1인당 GDP(국내총생산)와 삶에 대한 만족도의 연도별 변화 흐름을 통해 그 이유를 간접적으로 도출할 수 있습니다.

표에 나타난 바와 같이 2013년에서 2018년까지 5년 동안 우리나라의 1인당 GDP는 27,178달러에서 33,346달러로 22.7% 증가한 반면, 삶에 대한 만족

우리나라의 1인당 GDP와 삶에 대한 만족도의 연도별 변화

출처: 통계청. 2019. 국가통계포털

연도	1인당 GDP (달러)	1인당 GDP 증가율(%)	삶에 대한 만족도	삶에 대한 만족도 증가율(%)
2013	27,178	100	5.7	100.0
2014	29,242	107.6	5.7	100.0
2015	28,724	105.7	5.8	101.8
2016	29,287	107.8	5.9	103.5
2017	31,605	116.3	6.0	105.3
2018	33,346	122.7	6.1	107.0

연도별 1인당 실질국민소득과 삶의 만족도 비교 그래프

출처: 문진영 연구논문[19]

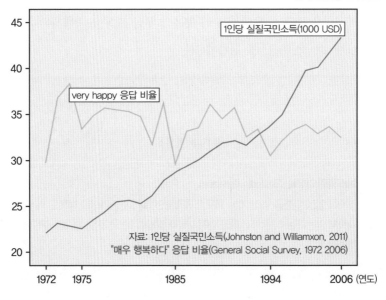

도는 5.7에서 6.1로 7% 증가에 그쳤습니다. 국민의 소득 증가율이 삶의 만족도 증가율보다 약 3.2배 더 큰 것입니다. 이는 소득과 행복이 계속해서 비례하진 않는다는 이스털린의 역설(Easterlin Paradox)을 입증하는 것이지요. 미국의 경우도 앞의 그림처럼 1인당 실질국민소득(2005년 가격 기준)은 1972년부터 2006년까지 약 2배 정도 상승하였음에도, 전반적으로 자신의 삶이 "매우 행복하다(Very Happy)"고 응답한 사람의 비율에는 별다른 변화가 없다고 합니다.[19]

삶의 만족도가 더디게 증가하는 데에는 여러 가지 요인이 있습니다. 거시적인 요인 중에는 자본주의가 고도화됨에 따라 자연스럽게 찾아오는 저성장 시대, 기술 및 산업 발달로 인한 경쟁 심화, 이에 따라 더욱 심해지는 교육열과 취업난, 국가가 펼치는 복지정책의 한계, 지역 및 기업경제·가계소득의 양극화, 환경오염 등이 있습니다. 미시적인 요인 중에는 앞에서 살펴본 맞벌이 가정에서 유급 노동과 가사와 양육의 무급 노동을 병행해야 하는 데 따라 받게 되는 스트레스도 포함됩니다.

알아 두기

이스털린의 역설(Easterlin Paradox)
소득이 일정 수준을 넘어 기본 욕구가 충족되면 소득이 증가해도 행복은 더 증가하지 않는다는 이론이다. 미국 경제사학자 리처드 이스털린이 1974년 주장한 개념이다.

이런 모든 현상이 집밥이 다시 중요해진 사회·경제적 배경이 될 수 있습니다. 아무리 열심히 돈을 벌어도 행복이 소득 증가를 따르지 못하니 지치지 않을까요? 그래서 높은 연봉을 받을 수 있는 직장을 원하거나 삶의 여유를 줄여가면서까지 더 많은 돈을 벌려고 하기보다는 '워라밸' 즉, 일과 삶의 균형(Work-life Balance)을 찾기 시작했지요. 이렇게 저녁이 있는 삶을 추구하게 되면서 집밥이 다시 중요해진 것이라 볼 수 있습니다. 소소하고 평범하지만 확실한 행복을 주는 '소확행' 가운데 편안한 집에서 여유롭게 먹고 싶은 음식을 해 먹는 것만큼 즐거움을 주는 일은 없지요. 이런 현상은 2015년에 집밥 열풍이 불었고, 2016년에 집밥이라는 단어가 표준국어대사전에 등재된 것과 무관해 보이지 않습니다.

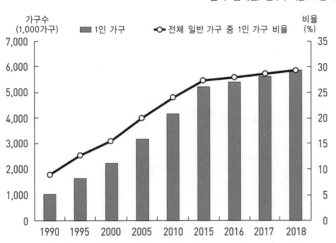

1인 가구 수와 비율 1990 ~ 2018

출처 : 통계청. 「인구주택총조사」. 각 연도.

혼밥

전 세계적으로 1인 가구가 증가하는 것처럼 우리나라의 1인 가구도 계속 늘어나고 있습니다.[20] 총가구 수를 기준으로 볼 때, 앞의 그래프처럼 한국의 1인 가구는 1980년 4.8%에 불과했으나, 1990년, 2000년, 2005년, 2010년 각각 9.0% → 15.5% → 20.0% → 23.9%로 30년 동안 5배나 증가했습니다. 2018년 수치를 보면 30%에 달하고 있음을 볼 수가 있지요.

1인 가구가 증가하는 주요 요인으로는 세 가지가 있습니다. 첫째, 혼인 감소에 따른 미혼 가구의 증가, 둘째, 이혼(별거) 증가에 따른 단독 가구의 증가, 셋째, 고령화로 인한 노인 단독 가구의 증가입니다. 2010년 조사 결과에 따르면, 45세 미만에서는 미혼 가구가 많고, 45~59세에서는 이혼 가구가 많으며, 60세 이상에서는 사별 가구가 많은 것으로 나타났습니다.

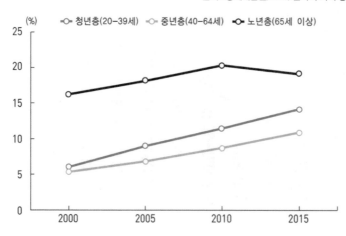

청년층, 중년층, 노년층 1인 가구 비율 2000 ~ 2015

출처 : 통계개발원. 2018. 한국의 사회 동향 2018.

앞쪽의 그래프는 1인 가구의 변화를 연령대별로 나누어 보여줍니다. 2015년 현재 1인 가구의 수는 노년층, 중년층, 장년층의 순서를 보이고 있지요. 1인 가구는 모든 연령층에서 증가하고 있는데, 그 증가세는 청년층이 가장 가파릅니다. 2000년~2015년의 15년 동안 1인 가구 비율은 청년층 8.0%, 중년층 5.4%, 노년층 2.9%씩 증가했습니다.[21]

한편, 다음 그래프는 성별에 따른 1인 가구의 변화를 보여주고 있습니다. 1인 가구 비율은 청년층의 경우 남성이 여성보다 높고, 노년층의 경우 여성이 남성보다 높지만, 중년층의 경우 남성의 증가 폭이 여성보다 큰 것으로 나타났습니다.[21]

청년층, 중년층, 노년층 성별 1인 가구 비율 2000 ~ 2015

출처: 통계개발원. 2018. 한국의 사회 동향 2018.

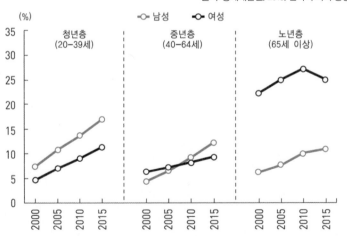

이제 1인 가구 증가가 집밥에 끼친 영향을 살펴보기 위해, 1인 가구의 식비에 대한 집밥 비율을 전체 가구의 경우와 비교한 통계와 그래프를 살펴보도록 하겠습니다.

전체 가구와 1인 가구의 연도별(2006~2016) 집밥 비율의 변화 그래프

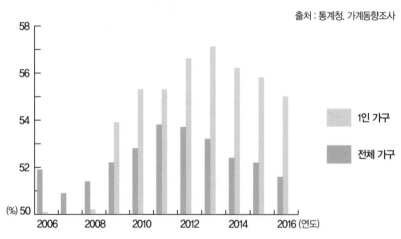

출처 : 통계청. 가계동향조사

그래프를 보면 1인 가구의 집밥 비율이 2009년부터 전체 가구의 집밥 비율을 추월하기 시작합니다. 2016년 데이터를 보면 1인 가구의 집밥 비율은 55.0%로서 전체 가구의 51.6%보다 높게 나타났지요. 이로부터 1인 가구가 전체 가구보다 오히려 집밥을 더 많이 먹는다는 것을 알 수 있습니다.

전체 가구와 1인 가구의 연도별(2006~2016) 집밥 비율의 변화 비교표

출처 : 통계청. 가계동향조사

연도	전체 가구				1인 가구			
	집밥(원)	외식(원)	식비(원)	집밥(%)	집밥(원)	외식(원)	식비(원)	집밥(%)
2006	248,895	230,987	479,882	51.9	108,516	108,101	216,617	50.1
2007	249,440	240,385	489,825	50.9	116,622	123,480	240,102	48.6
2008	262,175	248,106	510,281	51.4	123,290	122,109	245,399	50.2
2009	262,698	240,757	503,455	52.2	126,282	107,954	234,236	53.9
2010	279,893	249,722	529,615	52.8	134,940	109,062	244,002	55.3
2011	300,839	258,030	558,869	53.8	147,752	119,335	267,087	55.3
2012	309,755	267,099	576,854	53.7	154,638	118,808	273,446	56.6
2013	308,622	271,674	580,296	53.2	156,640	117,916	274,556	57.1
2014	308,520	280,512	589,032	52.4	159,702	124,251	283,953	56.2
2015	306,744	280,381	587,125	52.2	159,878	126,516	286,394	55.8
2016	300,750	281,621	582,371	51.6	158,590	129,708	288,298	55.0

그러면 1인 가구는 어떤 집밥을 주로 먹을까요? 허윤경과 심기현(2016)[22]은 1인 가구의 집밥에 대한 태도를 조사하였습니다. 우선 매주 집밥을 해 먹는 횟수에서는, 시간이 날 때 51.5%(남성 62.3%, 여성 46.2%), 주 1~2회 24.8%(남성 28.3%, 여성 23.1%), 주 3~4회 15.3%(남성 7.5%, 여성 19.2%), 주 5회 이상 8.3%(남성 1.9%, 여성 11.5%)순으로 나타났습니다. 시간이 날 때나 주 1~2회 정도에서

는 남성이 여성보다 집밥을 많이 해 먹었지만, 주 3회 이상 집밥을 해 먹는 1인 가구는 남성보다 여성 가구가 더 많은 것으로 나타났습니다. 1인 가구가 해 먹는 집밥을 종류별로 보면, 면류 42.0%(남성 56.6%, 여성 34.6%), 밥류 26.8%(남성 17.0%, 여성 31.7%), 국·찌개류 19.1%(남성 15.1%, 여성 21.2%), 빵류 7.0%(남성 7.5%, 여성 6.7%), 반찬류 5.1%(남성 3.8%, 여성 5.8%) 순인 것으로 나타났습니다. 면류와 빵류는 남성이 여성보다 즐겨 먹지만, 밥류, 국·찌개류, 반찬류는 여성이 남성보다 더 즐겼습니다. 즉 여성이 남성보다 한식 위주의 집밥을 더 선호한다는 것을 알 수 있습니다. 이러한 점을 감안하여 가정간편식도 한식 위주로, '간편'하면서도 '영양'의 균형을 아울러 갖춘 제품들이 개발된 것으로 추정해볼 수 있습니다.

1인 가구의 집밥 관련 특성은 성별로만 구분할 수 있는 것은 아닙니다. 이성림과 이승주(2016)[23]는 1인 가구의 식생활 스타일을 건강추구형, 절약형, 무관심형, 편의추구형의 네 가지로 구분했습니다. 조사 결과 편의추구형이 37%를 차지했고, 건강추구형 25%, 무관심형 25%, 절약형 11%의 순서를 보였지요. 편의추구형은 청년층 비중이, 건강추구형은 중년층 비중이, 절약형과 무관심형은 노년층의 비중이 큰 것으로 나타났습니다. 소득 수준은 편의추구형과 건강추구형이 높은 편이고, 절약형과 무관심형은 상대적으로 낮은 편이지요. 밥을 규칙적으로 먹는 경향은 절약형, 건강추구형, 무관심형, 편의추구형의 순서를 보였습니다. 외식 빈도는 당연히 편의추구형이 가장 높았지요. 반면에 외식을 안 하는 비율은 절약형, 무관심형, 건강추구형의 순서를 보여 그만큼 집밥을 더 먹을 것으로 예상됩니다. 외식 메뉴로는 네 가지 유형 모두 한식의 선호도가 가장 높았지요. 식생활 만족도(5점 만점)는 건강추구형

▌ 혼밥은 더이상 낯선 풍경이 아니다.

3.5점, 절약형 3.25점, 편의추구형 3.24점, 무관심형 3.11점의 순서를 보였습니다. 식생활 만족도가 높은 건강추구형은 음식의 본질적 가치에 중점을 둡니다. 비록 집밥을 제대로 해 먹을 시간이 없어서 가정간편식을 사 먹더라도 건강, 영양, 맛을 고려한다는 뜻이지요. 특히 1인 가구는 일상에서 충족하기 힘든 '정성이 들어간 집밥'에 대한 욕구가 높습니다. 가정간편식은 이 욕구를 어느 정도 충족시킬 수 있는 '간편한 정성'의 형태로 대두된 제품이라 할 수 있습니다.

4. 집밥의 가치 | 75

HMR 산업의 발전

예전에는 '반찬 가게'라는 것이 굉장히 보기 드물었습니다. '집에서 해먹을 수 있는 반찬을 왜 사다 먹지?'라고 생각하는 사람들이 많았죠. 하지만 이제는 평소에 먹는 반찬뿐만 아니라 추석이나 설날에 만드는 명절 음식까지 반찬 가게에서 사다 먹는 모습을 어렵지 않게 볼 수 있습니다. 맛과 정성보다 편리, 여유를 중시하는 쪽으로 식문화를 대하는 인식이 변화하고 있기 때문입니다. 조그맣고 허름한 반찬가게가 웬만한 고급 마트 못지않게 크고 세련된 인테리어를 갖춘 반찬전문점으로 변신해 우리가 사는 동네의 골목골목을 채워가고 있지요. 기업 규모가 큰 외식 산업체에서는 이미 일찌감치 이러한 시류를 읽고 간편 조리식품을 개발하여 판매해왔습니다. 예전에는 냉동 만두나 피자, 즉석 김치찌개 같이 대중적이고 단순한 종류의 즉석 요리식품에 그쳤다면, 이제는 샤부샤부, 갈비찜, 우럭매운탕처럼 식당에 가서 외식을 해야 먹을 수 있는 음식들도 만들어 판매하고 있습니다. 그리고 사람들 역시 예전처럼 그저 한 끼를 때우기 위해 사 먹는 게 아니라, 맛있고 고급스러운 음식을 간편하게 먹기 위해 기꺼이 지갑을 열고 있지요. 특히 앞서 설명한 것처럼 1인 가구는 미혼 가구, 이혼 가구, 고령화로 인한 노인 가구의 증가로 인해 계속해서 늘어날 것으로 예상됩니다. 따라서 외식 산업체도 다양해지는 1인 가구의 형태에 맞춰 제각각 다른 입맛을 고려해 상품의 종류를 세분화하고 1인분의 가정간편식이나 밀 키트등의 공급을 대폭 확대해 손쉽게 먹을 수 있는 집밥 공급을 늘리고 있습니다. 가정간편식 산업의 발전은 밖에서 외식하는 것보다 집밥 먹는 걸 선호하게 된 현상을 보다 심화시키고 있는 것이지요.

가정간편식(Home Meal Replacement, HMR)은 가정 외에서 조리 또는 반조리 형태로 생산되어, 집에서 바로 먹거나 간단 조리를 통해 먹는 간편식이다. 가정간편식은 1인 가구와 여성의 경제활동 증가에 발맞춰 앞으로 집밥으로 더 많이 활용될 것으로 예상된다.

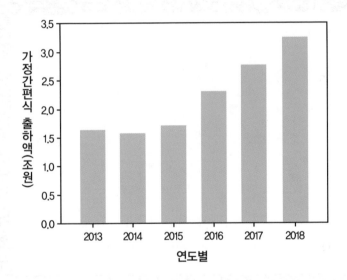

전 세계 HMR 시장은 2018년 1,251억 달러에서 2023년 1,398억 달러로 11.8% 증가할 것으로 예상되지만, 한국의 HMR 시장은 2018년 19.4억 달러에서 2023년 33억 달러로 무려 70%나 증가할 것으로 예상된다. HMR 시장은 1) 시작, 2) 확장, 3) 성숙, 4) 발전의 단계를 거치는데, 미국, 일본, 영국 등은 4단계에 있으나, 한국은 아직 2~3단계에 있다. 앞으로 소비자 취향을 고려한 제품을 개발하면 한국 시장의 단계도 오르

고 규모도 확대될 가능성이 크다.[24] 우리나라의 2013년~2018년 가정간편
식 출하액(단위: 조원)은 앞쪽의 그림과 같이 급증하는 추세를 보인다.[25]
가정간편식의 종류는 유통형태를 기준으로 상온유통HMR, 냉장HMR,
냉동HMR, 건조HMR이 있고, 조리 강도를 기준으로 RTE, RTH, RTC,
RTP로 구분할 수 있다.[26]

요즘 관심을 많이 끌고 있는 밀 키트는 완전히 손질된 식재료, 알맞은
양념, 그리고 레시피가 들어있는 제품인데, 집에서 조리해 먹도록 제공하
기 때문에, HMR 중에서 조리 강도가 가장 높은 RTP에 속한다.

조리 강도에 따른 HMR의 분류		
구분	의미	사례
RTE(Ready To Eat)	바로 먹는 HMR 즉석 섭취식품	도시락, 김밥, 샌드위치
RTH(Ready To Heat)	가열 후 먹는 HMR 즉석 완조리식품	레토르트식품, 냉동피자
RTC(Ready To Cook)	간단조리 후 먹는 HMR 즉석 반조리식품	냉동만두, 냉동볶음밥
RTP(Ready To Prepare)	조리 후 먹는 HMR 신선 편의(식재료)식품	밀 키트(Meal Kit): 손질된 식재료, 양념, 레시피 포함, 조리 강도가 가장 높은 HMR

밀 키트[27]

■ 밀 키트

밀 키트(Meal Kit)는 Meal(식사)+Kit(키트)의 합성어로, 쿠킹박스(Coking Box) 또는 레시피 박스(Recipe Box)라고도 불린다. 상세한 요리 레시피와 계량하고 손질한 신선한 음식 재료를 고객에게 배달해주는 서비스를 말한다. 육수와 소스를 제외한 모든 음식 재료는 신선한 상태로 배달되어 유통기한이 짧다. 밀 키트를 통해 식재료 손질의 번거로움과 식재료의 낭비를 줄이는 '클린 이팅(Clean Eating)'을 할 수 있다.

밀 키트는 30~40% 이상 저렴한 비용으로 레스토랑 수준의 고급요리를 직접 할 수 있다는 이점이 크다. 더불어 음식물 쓰레기의 양이 적고 취향에 맞추어 레시피를 조절할 수 있다는 장점도 있다. 밀 키트를 이용하여 손수 고급요리를 완성함으로써 성취감이 생기고 음식을 만드는 일이 가치 있다고 여기게 된다.

밀 키트 서비스는 2007년 스웨덴에서 처음 시작하여 미국과 유럽을 중심으로 시장이 확대되고 있다. 전 세계 밀 키트 시장은 2014년 약 3억 달러에서 2016

년 약 15억 달러 규모로 성장하였고, 2020년에는 최대 50억 달러까지 증가하리라 예상된다. 밀 키트는 건강한 집밥을 먹고 싶은 1인 가구와 맞벌이 가정이 늘면서 바빠도 건강을 위해 잘 먹고 싶은 소비자의 욕구를 충족시켜주고 있다. 미국 소비자 4명 중 1명이 온라인 배송이나 오프라인 매장을 통해 밀 키트를 이용한 경험이 있고, 이 중 70%가 재구매 의사를 나타냈으며, 남성 소비자가 여성 소비자보다 40% 이상 구매의사가 더 높았다고 한다. 미국 소비자의 밀 키트에 대한 품질 만족도는 91%에 달했으며, 응답자의 81%가 일반 식료품점에서 판매하는 조리식품보다 밀 키트를 건강한 음식으로 인식하였다. 대한무역진흥공사는 밀 키트 구매 의사가 높은 밀레니엄 세대의 사회 진출과 맞벌이 부부의 증가로, 간편하게 집밥을 준비하는 밀 키트의 수요는 점차 확대될 것으로 분석하였다. 간편함과 건강함을 추구하는 현대인의 웰빙 트렌드에 적합한 O2O(Online to Offline) 요구가 늘어나면서, 밀 키트 서비스는 앞으로 더욱 성장할 것으로 예상된다.

TV 방송 프로그램, 유튜브의 영향

오늘날 사람들의 인식변화에 가장 직접적이고 즉각적인 영향을 미치는 분야는 TV 방송과 유튜브입니다. 2014년 11월에 시작한 '냉장고를 부탁해(아래부터 냉부)', 2015년 4월에 시작한 '마이 리틀 텔레비전' 등이 본격적으로 현대적 집밥 시대를 연 TV 방송 프로그램이라고 할 수 있지요. 냉장고 안에 있는 재료들만을 가지고 15분이라는 제한 시간 동안 요리 경연을 펼치는 '냉부'는 지금까지도 계속해서 방영되고 있습니다. 집밥의 측면에서 이런 프로그램은 소박하고 현실적인 재료로도 집밥을 해먹을 수 있다는 자신감을 시청자에게 주었다고 볼 수 있지요.

이들 프로그램을 전후로 다양한 포맷의 요리 프로그램들이 방영되었고,

냉장고를 부탁해

우리 집밥 어랑? 물량?
정호영 셰프 VS 샘킴 셰프
집밥 정선생   전주행

엄마 손맛이랑 진짜 비슷해요

■ 모든 방송 채널에서 집밥을 주제로 한 요리 프로그램들이 몇 년째 이어지고 있다.

이 중에 집밥을 주제로 다루지 않은 프로그램은 거의 없었습니다. 사실 1980
년~1990년대에는 아침 시간대에 주부를 대상으로 한 정통 요리 프로그램
이 주로 방영됐습니다. 이 시기의 방송프로그램은 전통적 집밥을 소재로 삼
았다고 볼 수 있지요. 하지만 20여 년이 지난 지금은 혼술, 혼밥족을 겨냥한
'먹방'과 1인 가구를 겨냥한 요리 프로그램들이 주류를 이루고 있지요. 특히
스마트폰의 보급과 방송 플랫폼의 발달로 유튜브에서 기성 방송인이 아닌
일반인이 진행하는 먹방, 요리 프로그램이 방송의 양적 측면에서 압도적으
로 많습니다. 일반인이 진행하는 콘텐츠의 상당 부분 역시 집밥을 키워드로
내걸고 있지요. 이때의 집밥은 전반적인 측면에서 어머니가 지어주시는 집밥
과는 꽤 멀어졌습니다. 내용을 살펴보면, 주로 배달 음식을 시켜 먹거나 편
의점에서 살 수 있는 재료들로 집밥을 하는 방법을 알려주는 사례들이 대표
적이지요.

■ 유튜브가 1인 방송 플랫폼으로 자리 잡아 감에 따라, 일반인이 찍은 먹방도 생겨났다.

물론 이런 콘텐츠에는 **탐식**, 과식을 부추기거나 영양균형이 부족한 식단을 소개하는 등의 부정적인 측면도 있습니다. 하지만 이런 콘텐츠 소비가 일시적인 현상이 아니라 수년에 걸친 지속적이고 광범위한 소비라는 점을 고려해 보면, 집밥의 의미와 구성이 바뀌는 데 큰 영향을 미치고 있다는 사실을 받아들일 수 있습니다.

게다가 이런 콘텐츠가 전통적인 집밥의 문턱을 낮춤으로써 요리에 서툰 사람들도 집밥에 도전할 수 있게 격려한 것 역시 장점이겠지요. 특히 남성들에게는 여성의 가사노동을 평가 절하하는 과거의 가부장적인 관점에서 벗어나게 하는 효과도 컸습니다. 요리에 능숙하지 못한 남성들에게 집밥의 진입장벽이 그리 높은 게 아니며, 오히려 요리를 잘하는 게 요즘 시대에는 매력이 되는 '요섹남'의 시대에 살고 있다는 새로운 시각도 주었습니다. 또 한국 사

▌ 텔레비전, 모바일 채널을 통해 소비되는 요리 프로그램들을 통해 집밥의 의미는 완전히 바뀌어버렸다.

회의 많은 여성에게 '그렇게 손이 많이 가는 걸 언제 다해?', '아무리해도 엄마가 해준 맛이 안 나', '나는 엄마처럼 가족들한테 밥만 해주는 기계처럼 살진 않을 거야'라는 부정적인 기억 대신, 오히려 '집밥이 별거야? 이것도 집밥이지 뭐'하는 긍정적이고 새로운 패러다임을 가질 수 있게 했다고 볼 수 있지 않을까요?

국가의 정책과 제도의 지원

시대의 변화는 국가의 정책과 제도에도 영향을 미쳤습니다. 식품 관련 법률은 법적인 구속력을 기반으로 국민들이 집밥에 접근하는 다양한 통로와 소비 채널을 안정적이고 체계적으로 만들어 주었습니다. 예를 들면 2009년 제정된 식생활교육지원법은 각 지자체가 식생활교육지원사업을 통해 **로컬**

푸드 소비를 활성화하고 건강한 식문화 생활 교육을 진행함으로써 집밥의 질을 높이는 데 기여하고 있습니다. 이 법에 따라 설립된 식생활교육지원센터와 식생활교육국민네트워크는 집밥의 활성화와 1인 가구 지원을 위한 집밥 프로젝트 등의 다양한 활동을 벌이고 있지요.

1인 가구 식생활의 공통 문제는 양질의 집밥을 먹기 어려운 점과 사회적 네트워크 부족으로 인한 고립감에 있습니다. 이에 따라 영양과 맛이 충분히 균형 잡힌 집밥 해먹기 교육과 사회적 관계 강화를 위한 자리 마련이 중요해졌습니다. 전자는 남성 1인 가구에, 후자는 여성 1인 가구에 더 필요합니다. 설문조사 결과에 따르면, 남성 1인 가구의 걱정은 외로움, 건강, 밥 먹기의 순서인 반면, 여성 1인 가구의 걱정은 안전, 외로움, 건강의 순서를 보였기 때문입니다.[28]

이와 관련하여 서울시 식생활종합지원센터(http://www.seoulnutri.co.kr/)와 식생활교육국민네트워크─바른 식생활정보 114(http://www.greentable.or.kr/)의 몇몇 프로젝트를 소개할까 합니다. 식생활종합지원센터의 '마을부엌' 프로젝트는 함께 만들기(공동부엌 시설을 운영하여 함께 만들어 먹고 나눕니다), 먹거리 돌봄(마을에서 함께 만들어 아이들과 나눠 먹으며 돌봄의 공동체를 만들어갑니다), 조리 배우기(식사 준비가 어려우면 음식을 함께 만들며 배웁니다) 등의 일을 통해 집밥 공동체를 지원합니다.

식생활교육국민네트워크는 청년과 고령자 1인 가구를 위해 실제적인 교육과 실습을 병행하고 있습니다. 예를 들어 식생활교육서울네트워크 도봉 식생활 배움터는 '1인 가구 청년을 위한 집밥 식생활교육'을 통해 건강한 식문화 커뮤니티를 만들어주면서 직접 건강한 요리를 해보는 기회도 제공합니다. 식생활교육전북네트워크도 '전북청년 마을공동부엌 청년집밥 교육'을 통해 공동부엌 밥상을 마련합니다. 식생활교육강원네트워크에서는 '고령자 식생활·건강개선 교실'을 열어 고령자 식사관리의 기본과 원칙 강의와 실습을 하고, 식생활교육서울네트워크와 식생활교육인천네트워크도 '어르신 식생활·건강개선 교실'을 열어 균형 잡힌 식단 구성을 교육합니다.

국가의 정책적, 제도적 차원의 지원은 이처럼 집밥의 의미를 찾아가는 단계뿐만 아니라, 보다 근본적인 단계의 문제들도 다루고 있습니다. 앞선 장들에서 살펴본 바와 같이 집밥 문제는 일과 가정을 양립할 수 있게 하는 여건의 마련과 깊은 관련을 맺고 있습니다. 현재 가사노동의 핵심인 음식준비와 육아의 경우, 남성보다 여성이 더 많은 부담을 짊어지고 있는 것이 현실이기 때문입니다. 다음 표는 남녀가 수행하는 무급의 가사노동을 금전가치로 환산한 결과를 보여줍니다.

2014년 성별 가사노동 평가액

단위 10억 원, 출처: 통계청. 2019. 국가통계포털. 가계생산위성계정.

전체	무급가사노동	소계	360,730(100%)
	가정 관리	소계	226,699(62.8%)
		음식 준비	107,637(29.8%)
	가족 돌보기	소계	93,564(25.9%)
		미성년 돌보기	84,781(23.5%)
남성	무급가사노동	소계	88,265(24.5%)
	가정 관리	소계	47,198(13.1%)
		음식 준비	13,736(3.81%)
	가족 돌보기	소계	28,537(7.9%)
		미성년 돌보기	25,537(7.1%)

	무급가사노동	소계	272,465(75.5%)
여성	가정 관리	소계	179,502(49.8%)
		음식 준비	93,902(26.0%)
	가족 돌보기	소계	65,027(18.0%)
		미성년 돌보기	59,243(16.4%)

2014년 기준 360조 7,300억 원의 가치를 지닌 것으로 나타나는 무급 가사 노동에서, 남성이 88조 2,650억 원으로 24.5%를, 여성이 272조 4,650억 원으로 75.5%를 차지하고 있는 것을 볼 수 있습니다. 가사노동 중 음식준비는 107조 6,370억 원으로 29.8%를, (미성년) 육아는 84조 7,810억 원으로 23.5%를 차지하고 있습니다. 음식준비를 성별로 보면 남성이 13조 7360억 원으로 3.81%를, 여성이 93조 9,020억 원으로 26.6%를 차지하고 있음을 알 수 있습니다. 수치를 간략화 해보면 남성 : 여성이 1 : 6.8의 비율 차이를 나타내고 있어, 여성이 남성보다 약 7배가량 더 많은 부담을 지고 있다고 볼 수 있습니다. 이런 비대칭적인 현실이 개선되지 않은 상황에서는 집밥의 가치를 운운할 수 없습니다.

일—가정 양립을 지원하기 위한 법률로는 근로기준법, 영유아보육법, 남녀고용평등과 일·가정생활 양립 지원에 관한 법률(남녀고용평등법), 가족친화 사회환경의 조성 촉진에 관한 법률, 저출산·고령사회기본법 등이 있습니다. 이 정도면 일—가정 양립 지원을 위한 법제도는 대체로 완비되었다고 간주할 수 있고, 그 효과도 서서히 나타나고 있는 것처럼 보입니다. 예를 들어 2015년, 2016년, 2017년에 가족친화 인증기업의 수는 1,210개, 1,733개, 2,800개로, 직장 보육시설은 605개, 940개, 1,086개로, 육아 휴직한 남성의 수는 4,872명,

7,616명, 12,043명으로 증가했다는 것은 제도의 효과 측면에서 무척 고무적인 현상으로 볼 수 있지요.[28]

　일-가정 양립을 위해 남녀평등의 직장문화도 필요하지만 가정에서의 남녀평등은 더욱 중요합니다. 특히 가정에서 남성이 여성의 직장생활을 적극적으로 지지해주면 여성의 일-가정 갈등이 완화되고 일-가정 관계가 강화되는 것으로 나타났습니다.[17] 결론적으로 남성의 지지와 남녀가 평등한 직장과 가정 문화가 빨리 자리 잡는다면 지금보다 양과 질의 면에서 훨씬 나아진 집밥이 각 가정의 식탁 위에 오를 확률 또한 더 높아질 것이라 기대해 볼 수 있습니다.

집중탐구 **식품위생법과 식생활교육지원법**

1950년대 우리나라의 식량부족은 다른 개발도상국들과 마찬가지로 아주 심각했다. 이른바 **보릿고개**라고 일컫는 절대빈곤이 휩쓴 시기였다. 이때는 먹을 것이 턱없이 부족했기 때문에 국가든 국민이든 식품위생이나 안전성에 거의 관심을 두지 않았다.

그러다가 1960년대 초부터 산업화가 시작되면서 사람들이 도시로 몰려들었고, 집밥만 먹던 사람들이 식품 산업체가 만드는 가공식품과 외식을 소비하기 시작했다. 이때부터 부정·불량식품, 해로운 음식이 많아지면서 사람들의 건강을 해치기 시작했다. 그래서 부정·불량식품, 해로운 음식의 발생을 막기 위해 1962년에 식품위생법이 제정되었고 현재까지도 계속 이 법으로 규제하고 있다.

식품위생법은 '식품으로 인하여 생기는 위생상의 위해(危害)를 방지하고 식품영양의 질적 향상을 도모하며 식품에 관한 올바른 정보를 제공하여

국민 보건의 증진에 이바지함'을 목적으로 한다. 이 법은 식품의 3요소 가운데 맛을 제외한 영양과 안전성에 초점을 둔 것이다. 이 법에서 말하는 "식품"이란 모든 음식물(의약으로 섭취하는 것은 제외한다)을 말한다. 다시 말해 이 법은 집밥과 외식을 가리지 않는다.

식품위생법 제정 이후 먹을거리는 풍요로워졌지만, 풍요로 인해 만성질환이 증가하면서 오히려 삶의 질은 떨어지기 시작했다. 이런 문제점을 종합적으로 해결하기 위해 2009년에 식생활교육지원법이 제정되었다. 식생활교육지원법은 '국민의 식생활 개선, 전통 식생활 문화의 계승·발전, 농어업 및 식품 산업 발전을 도모하고 국민의 삶의 질 향상에 기여함'을 목적으로 한다. 이 목적에 비추어 볼 때 이 법은 집밥의 중요성을 강조할 수밖에 없다.

2) 내적인 측면에서의 변화

맛, 영양, 안전성

집밥도 결국은 밥입니다. 밥에서 가장 중요한 요소는 일반적으로 맛과 영양 그리고 안전성의 세 가지가 꼽힙니다. 전통적인 집밥이 세 가지 요건을 제대로 갖춘 밥이라는 데 동의하지 않는 사람은 별로 없을 것입니다. 물론 맛에 있어서는 의견이 다를 수 있습니다. 사람의 입맛만큼 유별나고 까다로운 것도 없으니까요. 사람에 따라 집밥보다 더 자극적이고 진한 맛을 내는 외식을 선호하는 사람도 있습니다. 하지만 영양과 안전성 측면에서 어머니의 정성이 담긴 집밥을 식당 밥이나 산업체의 식품이 넘어서기 쉽지 않습니다. 남의 아이에게 팔기 위한 음식과 내 아이에게 먹이기 위한 음식은 차원이 다르기 때문입니다.

먼저 집밥의 영양 면을 구체적으로 살펴보겠습니다. 외식은 집밥보다 균형 잡힌 영양 섭취가 어려운데, 특히 외식의 지방 섭취가 집밥보다 높은 것이 문제입니다. 지방 섭취 증가는 심장병, 유방암, 대장암 등의 발생에 영향을 끼칠 수 있습니다.[29] 또한 외식은 많이 팔아 이익을 남겨야 하기 때문에 보다 대중적인 입맛에 맞출 수밖에 없습니다. 그래서 집밥보다 더 달거나 간이 세고, 기름질 수밖에 없지요. 이로 인해 외식을 할 때 집밥보다 200~300kcal를 더 먹는다고 합니다. 집밥과 외식의 나트륨 함량이 같다고 해도 외식을 할 때 먹는 절대량이 더 많으면 나트륨 섭취량도 많아질 수밖에 없습니다.[30]

다음으로 집밥의 안전성 면에서는 그 차이가 훨씬 두드러집니다. 2018년 식중독통계[31]를 보면 음식점에서 발생한 식중독은 202건에 환자는 2,323명에 달했습니다. 반면에 집에서 발생한 식중독은 3건에 환자는 10명뿐이었지요. 집밥과 비교하면 식당에서의 식중독 발생 건수는 67배, 환자 수는 232배나 많습니다. 식중독 통계만 봐도 사람들이 외식보다 집밥을 중시하는 마음을 충분히 이해할 수 있지요. 진현정(2018)[32]은 외부 음식(외식과 배달 음식 포함)의 안전성에 대한 불안감이 집밥 섭취 빈도에 어떻게 영향을 끼치는지 통계적으로 분석하였습니다. 연구 결과 소비자는 배달 음식의 안전성을 가장 우려했고, 집밥의 안전성은 가장 걱정하지 않는 것으로 나타났지요. 그리고 외부 음식의 안전성에 대한 우려가 클수록 집밥 횟수가 늘어난다고 하였습니다. 집밥의 횟수는 2인 이상 가구에서 맞벌이 여부와 상관없이 늘어났지만, 1인 가구에서는 집밥을 먹기 어려운 구조적인 문제 때문에 집밥 횟수가 그다지 늘지 않았다고 합니다. 따라서 외부 음식에 대한 안전성 우려를 감안하여 업체는 위해요소를 낮추려 노력해야 하고, 정부도 위생 점검을 강화해야 하겠지요. 이런 관점에서 식품의약품안전처와 배달 음식앱 업체가 식품안전정보를 공유하는 업무협약을 맺고 배달 음식 안전강화에 나선 것은 시의적절하다고 볼 수 있습니다.[33]

전통적인 집밥 비율이 1980년대까지 90%대를 유지하다가 2000년대 들어 50%대까지 떨어지게 된 데에는 사람들이 외식과 배달 음식, 간편 조리식품을 선호하게 된 배경이 있었습니다. 하지만 위에서 살펴본 문제와 같은 이유로 인해 배달 음식, 간편 조리식품으로 집밥을 대신하기보다는 직접 장을 본 재료로 집에서 밥을 해 먹는 게 더 낫다는 인식의 변화가 사람들에게 일어나게 되었습니다. 물론 어머니가 지은 집밥처럼 정성 들여 만든 요리를 판매하는 식당도 있습니다.

▌ 편의점에서 파는 도시락에 영양성분표시가 일반화된 것은 불과 몇 년밖에 되지 않았다.

점점 똑똑해지는 소비자들을 만족시키기 위해 영양성분표시를 강화하고, 맛을 떨어뜨리지 않으면서도 안전하고 영양도 충분한 제품을 만드는 업체도 있습니다. 특히 집밥 트렌드를 따라 집밥의 가치를 자사 판매제품에 부여하는 회사의 경우에는 품질이 높아진 제품을 판매함으로써 소비자의 불신을 불식시키기도 합니다. 이런 측면에서 먹는 사람뿐만 아니라 만들어 파는 사람들에게도 집밥의 중요성 인식이 고양되고 있다고 볼 수 있겠지요?

집중탐구 **가정간편식(HMR)의 품질**

가정간편식의 품질은 제품 구매 의사에 긍정적인 영향을 끼치기 때문에 매우 중요하다. 이 영향은 소비자의 식생활 스타일(건강지향형, 안전지향형, 가치지향형, 미식지향형, 호기심지향형)과 무관하다.[34] 다시 말해 누구나 가정간편식의 품질을 중요시한다는 말이다. 가정간편식의 품질은 음식의 3요소인 맛, 영양, 안전성, 그리고 제품에 따라서 신선도가 기준이 된다. 이 가운데 맛, 영양, 신선도는 좋은 재료를 선택하고 레시피를 잘 따르면 되지만, 가정간편식의 안전성은 쉽게 해결할 수 있는 문제가 아니다.

가정간편식의 안전성 관리체계[35]를 보면, 가정간편식은 조리, 반조리, 또는 조리 안 한 상태로 유통되는 데다가, 여러 재료 중에서 오염에 민감한 재료에 의해 전체가 오염될 위험성이 높아 관리가 쉽지 않다. HMR에는 화학적(농약, 중금속), 물리적(이물), 생물학적(미생물) 위해요소의 세 가지가 있는데, 이 가운데 미생물이 가장 핵심적인 위해요소다. HMR의 미생물 관리는 위생지표균(세균수, 대장균군, 대장균), 고위해성 식중독균(살모넬라, 장출혈성 대장균), 저위해성 식중독균(장염비브리오, 바실러스 세레우스, 황색포도상구균, 클로스트리디움 퍼프린젠스)의 세 가지로 나누어 행한다. HMR 가운데 김밥류, 샌드위치류 등의 즉석섭취식품과 샐러드류의 신선편의식품은 제조과정 중 오염되기 쉽고, 유통과정 중

변질 위험성이 높다. 즉석섭취식품의 미생물 검사 결과 세균수는 그램당 1,000~100,000의 오염도를 보였고, 대장균과 황색포도상구균은 기준치를 초과했다고 한다. 신선편의식품의 경우 세균수와 대장균의 검출 비율이 높았다고 한다. HMR의 안전성이 확보되어야 앞으로 집밥으로 더 많이 활용될 것이므로, 식품안전관리시스템을 제대로 갖추어 운영해야 할 것이다. 좋은 집밥의 관점에서 HMR의 안전성은 생산자, 판매자, 소비자 모두에게 '윈윈'이다.

음식 윤리와 슬로푸드의 확산

음식 윤리란 무엇일까요? 외식하는 모습을 떠올려 보겠습니다. 늘 다니는 '가성비' 좋은 식당에서 밥과 반찬을 맛있게 먹습니다. 앗! 그런데 젓가락질도 하지 않은 반찬에 밥알이 들어 있습니다. 앞 손님이 남긴 반찬을 다시 쓰는 걸까요?

집밥은 일반적으로 어머니가 만들고 내가 먹습니다. 상대적으로 음식의 질과 안전성을 신뢰하고 안심하며 먹을 수 있습니다. 법과 윤리의 필요성을 느낄 수 없는 이유이지요. 그러나 외식은 다릅니다. 식당의 주인과 손님은 기본적으로 '남'입니다. 식당의 음식이 좋은 음식일 수도 있지만, 경우에 따라서는 그다지 좋지 않은 음식일 수도 있습니다. 바꿔 말하면, 손님은 식당 음식의 질과 안정성을 불신하고 불안해할 수 있다는 것이지요. 따라서 여기서는 법과 윤리가 필요해집니다.

실제로 식당에서 손님이 남긴 반찬을 다른 손님에게 다시 내놓는 행위가 문제가 되면서 식품위생법 시행규칙이 개정되었습니다. "손님이 먹고 남은 음식물을 다시 사용하거나 조리하거나 또는 보관하여서는 아니 된다."라고 말이지요. 그런데 고급뷔페 레스토랑에서 남은 음식을 다른 용도로 활용하면서 또 다른 문제로 불거지자, 식품위생 시행규칙이 다시 한번 개정되었습니다. "손님이 먹고 남긴 음식물이나 먹을 수 있게 진열 또는 제공한 음식에 대해서는 다시 사용·조리 또는 보관해서는 안 된다."

　이렇게 사건이 일어나면 우리는 법을 만들거나 개정합니다. 그러나 법이 있어도 지키지 않으면 그만인 경우도 많습니다. 신호등 지키기나 줄 서서 기다리기를 예로 들 수 있지요. 따라서 올바른 법이 제정되는 것도 중요하지만 준법정신, 음식에 있어서는 음식 윤리를 가지는 것 또한 매우 중요해집니다. 이런 여러 가지 이유로 2010년대 중반 이후부터 우리나라에 음식 윤리가 확산되기 시작했습니다. 음식 윤리는 한마디로 음식을 만들고 팔고 먹을 때 지켜야 할 도리라고 할 수 있습니다. 바르게 먹는 것이 바르게 사는 것을 이끈다는 면에서 음식 윤리는 우리 삶에서 중요한 역할을 합니다. 바르게 음식을 만들어 먹는 과정을 가장 직접적으로 느끼고 배울 수 있는 방법은 직접 밥을 해 먹어 보는 것입니다. 장을 보고 재료의 상태를 확인하고, 조리 과정에서 요구되는 위생과 음식의 질을 높이기 위해 사용하고 또 사용해서는 안 되는 재료들이 무엇인지 알 수 있게 해주기 때문입니다. 직접 음식을 해서 먹으면 음식물 쓰레기를 줄이기 위한 노력도 하게 되지요. 음식 윤리는 우리가 집밥을 찾게 하는 중요한 이유 중 하나입니다.

생각해 보기

음식 윤리, 유토피아를 꿈꾸는 백일몽인가?[36]

음식 윤리? 먹는 음식에까지 무슨 윤리가 필요해? 먹는 거라도 내 맘대로 먹게 놔둬! 법이 있잖아? 법이면 충분한데 왜 그래? 도대체 윤리를 따져가면서 어떻게 음식을 만들고 팔겠어? 효율성이 떨어지잖아? 경제성은 있겠어? 그러면 누가 음식점이나 식품회사를 경영하겠어? 너무 한가하고 비현실적이잖아? 그렇다면 음식 윤리는, 유토피아를 꿈꾸는 몇몇 이상주의자의 백일몽에 불과할까?

과거의 인류에게는 '젖과 꿀'이 흐르는 땅이 유토피아였다. 인구는 늘어나고 먹을거리는 부족해, 인류생존이 늘 위협받았기 때문이다. 인류는 부족한 먹을거리를 나눠 먹는 길을 선택했다. 사회구성원 사이의 협력과 경쟁의 균형을 '음식 나눔'이라는 지혜에서 찾았던 것이다. 이 음식 나눔이 음식 윤리의 원형이고, 밥그릇이 음식 윤리의 상징이다. 음식 윤리 덕분에 인류는 대대로 생존해오면서 '세미' 유토피아를 실현할 수 있었다. 오늘날 인류는 그야말로 '젖과 꿀'이 흐르는 꿈의 유토피아에서 살고 있는 셈이다.

그런데 유토피아에 산다면서 음식 윤리를 강조하는 이유는 뭔가? 그 이유로는 두 가지를 들 수 있다. 첫째, 인류에게 생긴 새로운 문제가 생존을 위협하기 때문이고, 둘째, 인류에게 예전부터 있던 문제가 생존을 위협할 만큼, 설상가상 더욱 심각해지고 있기 때문이다.

첫째, 인류의 새로운 문제는, 아이러니하게도 역사상 유례가 없을 만큼 풍요로운 먹을거리에서 비롯되었다. 비만과 만성질환, 음식물 쓰레기 등이 풀기 어려운 대표적 문제다. 문제의 주원인이 하루 세 끼 달고 기름지게 먹으면서, 한 끼 정도 분량을 쓰레기로 버리기 때문이라고 하자. 그래도 두 끼만 먹으라고 법으로 강제할 수는 없지 않은가? 이런 문제는 법 집행과 더불어 음식 윤리를 실천해야, 해결의 실마리를 찾아 인류가 생존을 지속할 수 있다.

둘째, 인류의 예전부터 있던 문제는, 원칙을 제대로 지키지 않는 관행에서 비롯되었다. 그 배경에는 효율성·경제성에 대한 집착이 있고, 집착에 사로잡혀 생명의 우선순위를 혼동할 수도 있다. 정의롭지 않은 거래, 소비자 기만, 유해 물질 첨가 등이 대표적인 관행이다. 관행은 윤리불감증의 원인이자 결과다. 따라서 관행에 민감한 태도가 원칙을 지키는 음식 윤리의 출발점이다. 관행에 무감각하면, 음식 관련 사건·사고를 피할 수 없고, 인류 생존도 흔들리게 된다. 음식점이나 식품회사에 품질관리가 필요하듯, 국가 역시 국민을 위해 음식의 품질관리를 해야 한다. 하지만 관리는 사람이 하는 것. 제대로 관리하려면 관리자의 음식 윤리 마인드가 선행되어야 한다. 법의 주목적이 음식 관련 사건·사고의 사후 관리인 반면, 음식 윤리는 사전 예방에 주목적이 있다. 음식 윤리를 준수하면 음식 관련 사건·사고가 적게 발생한다는 의미이다. 그럴 경우 음식 윤리는 우리 사회의 효율성과 경제성도 향상시킬 수 있다. 자 그렇다면, 음식 윤리는 유토피아를 꿈꾸는 백일몽일까? 아니면 유토피아를 실현하도록 이끄는 견인차일까?

슬로푸드도 집밥과 밀접한 관련이 있습니다. 슬로푸드는 이탈리아에서 시작되었지만, 우리나라에서도 무척 활발한 운동입니다. 슬로푸드의 철학은 좋은 음식(Good Food), 깨끗한 음식(Clean Food), 공정한 음식(Fair Food)이지요. 좋은 음식은 맛있고 풍미 있으며 신선하고, 감각을 자극하여 만족시켜 우리의 행복을 끌어냅니다. 깨끗한 음식은 지구의 자원을 축내지 않고, 생태계와 환경을 해치지 않으며, 인간의 건강을 위협하지 않도록 생산된 음식으로 사람과 다른 생명체의 생명을 지켜내지요. 공정한 음식은 사회적 정의를 지키는 음식으로써, 생산, 상품화, 소비의 모든 단계에서 공정한 임금과 조

건에 맞춘 음식이며 나와 이웃이 함께 사는 지혜를 줍니다. 슬로푸드는 패스트푸드 등의 외식보다 집밥의 중요성을 강조하는 음식 운동이기 때문에 집밥과 관련이 꽤 깊습니다.

우선 슬로푸드는 만드는 데 시간이 오래 걸립니다. 된장, 고추장, 김치와 같은 발효음식을 전형적인 예로 들 수 있지요. 슬로푸드는 집에서 조리할 때도 재료의 선택과 손질부터 스스로 하기 때문에 시간이 오래 걸릴 수밖에 없습니다. 집밥 중에서 앞에서 설명한 전통적 집밥과 가장 가깝지요. 슬로푸드한국협회에서는 집밥활동가(집밥리더)들을 대상으로 정기적으로 집밥 교육을 하는 집밥활동가 학교를 운영할 정도입니다. 이와 더불어 슬로푸드는 먹는 시간도 오래 걸립니다. 천천히 대화를 즐기면서 아주 천천히 먹는 삶은 속도의 노예가 된 현대인을 해방시켜주는 바로 슬로라이프입니다. 슬로푸드와 슬로라이프는 서로에게 좋은 영향을 주는 원윈 관계인 것이지요. 물론 슬로푸드, 슬로라이프와 정반대의 관계는 패스트푸드, 패스트라이프입니다. 이런 슬로푸드 먹기와 슬로라이프 살기를 목표로 하는 마을을 슬로시티라고 부릅니다. 슬로시티는 말 그대로 느리지만 행복한 도시이지요. 우리나라의 슬로시티로는 서울과 가장 가까운 남양주의 조안 슬로시티, 서울에서 가장 멀리 있는 완도의 청산 슬로시티 등 10여개가 지정되어 있습니다.

알아 두기

슬로푸드[37]

패스트푸드를 반대하는 식생활 문화 운동을 가리키는 말이다. 1986년 이탈리아 피에몬테주 브라 마을의 식생활 문화 잡지 편집자인 카를로 페트리니로부터 시작되었다. 슬로푸드는 표준화된 맛과 미각의 세계화에 저항하고 지역 특성에 맞는 전통적이고 다양한 식생활 문화를 추구하는 움직임이다. 슬로푸드의 이념은 국제슬로푸드협회 설립과 슬로푸드 선언을 거쳐 구체화되었고 국제 문화 운동으로 이어졌다.

집밥 욕구

오늘날 집밥을 찾게 되는 이유를 우리가 가진 동기, 욕구와 같은 내적이고 본질적인 측면에서 설명해 볼 수도 있습니다. 인간의 욕구에 관해 설명한 매슬로의 욕구 단계이론을 집밥 선호 현상에 적용해 보도록 하겠습니다.

첫째, 생리적 욕구와 집밥의 관계는 자명해 보입니다. 허기는 가장 기본적이고 원초적인 생리적 욕구 중 하나입니다. 사람은 태어나자마자 어머니 젖을 찾습니다. 성장하면서 이가 나고 소화 능력이 좋아지면서 어머니가 주시는 밥을 조금씩 먹게 됩니다. 모유에서부터 집밥에 대한 첫 경험이 시작되는 것이지요.

집중탐구 **매슬로(Maslow)의 인간 욕구 5단계 이론**[38]

5단계	자아실현에 대한 욕구	자신이 되고 싶고 하고 싶은 바를 이루는 것
4단계	존중에 대한 욕구	존중, 자존감, 사회적 지위, 인정, 자유
3단계	소속감에 대한 욕구	우정, 가족, 유대감
2단계	안전에 대한 욕구	프라이버시, 고용, 건강, 재산
1단계	생리적욕구	공기, 음식, 집, 잠, 옷, 번식

▌ 매슬로가 제안한 5단계의 욕구

매슬로에 따르면 사람은 누구나 다섯 가지 욕구를 가지고 태어난다. 이들 욕구에는 우선순위가 있고, 이를 기준으로 욕구를 5단계로 구분할 수 있다.

1단계 생리적 욕구 : 생리적 욕구는 생명 유지를 위한 가장 기본적인 욕구다. 숨 쉬고, 먹고, 자고, 입는 등 우리 삶의 가장 기본적인 요소들이 포함된 단계로서, 하루 세끼 밥을 먹는 것이 이 단계에 해당한다.

2단계 안전에 대한 욕구 : 생리적 욕구가 만족되면 안전에 대한 욕구를 채워야한다. 이것은 신체적, 감정적, 경제적 위험으로부터 보호받고 싶은

욕구다.

3단계 소속감에 대한 욕구 : 이젠 소속감에 대한 욕구를 충족시켜야 하는데, 이 욕구는 공동체 안에서 우호적 관계를 확인하려는 욕구다. 누군가를 사랑하고 싶은 욕구, 어느 한 곳에 소속되고 싶은 욕구, 친구들과 교제하고 싶은 욕구, 가족을 이루고 싶은 욕구 등이 여기에 해당된다.

4단계 존중의 욕구 : 존중의 욕구는 공동체 안에서 인정받고 존중받고 싶은 욕구다. 우리가 흔히들 말하는 명예욕, 권력욕 등도 이 단계에 해당한다. 누군가로부터 높임을 받고 싶고, 주목과 인정을 받으려 하는 욕구다.

5단계 자아실현의 욕구 : 자아실현의 욕구는 모든 단계가 기본적으로 충족돼야만 이뤄질 수 있는 마지막 단계의 욕구다. 이 욕구는 자기 발전을 이루고 자신의 잠재력을 끌어내어 극대화할 수 있는 욕구며, 아무리 채워도 채워지지 않는 욕구다.

둘째, 안전에 대한 욕구와 집밥은 어떤 관계가 있을까요? 야생동물은 먹이를 발견하면 먹을 만한 상태인지 냄새로 확인하고, 은신처로 가져와 안전을 확보한 상태에서 먹이를 먹습니다. 인간도 마찬가지입니다. 물론 오랫동안 굶주려 이것저것 따질 새 없이 당장 먹어 치워야 하는 상황이라면 먹을 것의 안전성을 따질 새가 없겠지요. 하지만 그러한 생리적 욕구가 충족된 상태라면 건강을 해칠 우려가 없는 안전한 음식을 찾게 됩니다. 당장 급하거나 경제적인 여유가 없는 상황이 아니라면 외식이나 배달 음식, 간편 조리식품보다 집밥을 찾게 되는 것이지요. 이렇게 하면 안전성 욕구가 충족되기 때문입니다.

셋째, 소속감에 대한 욕구는 집밥을 먹을 때에 강력하게 충족될 수 있습니다. 가족이 한 밥상에 모여 앉아 함께 밥을 먹는 경험을 통해 우리는 가정에 대한 소속감을 느끼게 됩니다. 이 소속감을 바탕으로 학교에서 친구와 함께, 또는 직장에서 동료와 함께 밥을 먹을 때 소속감을 채우고 편안함을 느끼게 되지요.

넷째, 존중의 욕구는 타인에게 인정받고 존중받고 싶은 욕구입니다. 가족과 함께 기뻐할 만한 일이나 축하할 일이 생기면 평소보다 좋은 음식들로 가득 찬 밥상을 차리게 됩니다. 가정을 벗어나 사회에 나가도 크게 다르지 않습니다. 친구나 직장 동료, 지인들에게 축하받거나 격려받을 만한 일이 생기게 되면, 좋은 식당에 찾아가 기분이 좋아지게 하는 근사한 음식을 함께 먹으니까요. 그런 음식을 대접받으면 사람들에게 인정받고 존중받는 느낌을 받게 됩니다. 존중의 욕구는 상대적으로 집밥보다는 외식과 관련이 깊어 보입니다. 물론 주변에 요리 실력이 훌륭한 친구가 있다면 직접 만든 집밥을 대접받을 수 있겠지요?

마지막 자아실현의 욕구는 앞선 네 가지 욕구가 모두 충족되었을 때 비로소 느끼고 성취하게 되는 최후의 욕구입니다. 매슬로의 5단계 욕구 이론에서 집밥은 상위에 있는 4, 5단계보다 하위에 있는 1, 2, 3단계에 더 관련이 있습니다. 매슬로에 따르면 상위 단계의 욕구를 충족시키기 위해서는 하위 단계의 욕구들이 먼저 충족되어야 합니다. 집밥 욕구가 먼저 충족되지 않으면, 타인에게 존중받고 자기실현을 하고자 하는 욕구의 충족은 당연히 어려워지겠죠?

심리적 안정감

우리는 무엇을 위해 살까요? 삶의 목적을 묻는 질문에 많은 사람이 행복이라고 대답합니다. 행복지수는 행복을 숫자로 나타낸 지표입니다. 소득, 직장, 연령처럼 객관적으로 비교할 수 있는 지표와 심리적 안정감이나 인간관계, 건강 상태와 같은 주관적인 지표들을 합쳐 숫자로 표현한 것이지요. 동아일보 조사 결과[39] 2018년 행복지수에 영향을 주는 핵심 요인은 가족생활, 경제적 만족도, 심리적 안정감의 순이었습니다. 여전히 많은 사람이 행복을 가족생활과 경제적 만족에서 찾고 있는데, 더불어 심리적 안정감 또한 중요한 요인으로 꼽았다는 조사 결과에 주목할 필요가 있습니다.

원자에 에너지를 주면 원자 내에 있는 전자는 안정된 바닥 상태(Ground State)에서 불안정한 들뜬상태(Excited State)로 바뀝니다. 그리고 에너지를 내보내면서 다시 안정된 바닥 상태로 돌아갑니다. 우리도 집에서는 안정된 바닥 상태에 있다가, 직장이나 학교 등 밖으로 나가면 불안정한 들뜬 상태가 되고, 집에 돌아오면 다시 안정된 바닥 상태가 되는 것과 비슷하지요?

행복은 일회적인 것이 아니라 일상에서 반복되는 장기적이고 지속적인 상태입니다. 외식에서도 행복감을 느끼지만, 그 행복감은 집밥에서 느끼는 행복감과는 다르지요. 마음이 편안하다는 것을 영어로 "feel at home."이라고 합니다. 외식의 행복감이 들뜬 상태라면, 집밥의 행복감은 안정된 바닥 상태에 해당합니다. 집밥은 일상에서 반복되는 지속적인 것이면서, 우리에게 심리적 안정감도 주지요. 그래서 우리는 집밥을 통해 편안함과 행복감을 느낄 수 있는 것입니다.

모성으로의 회귀

모성 회귀는 인간의 기본적인 속성이라고 할 수 있습니다.[40] 회귀(回歸, regression)는 연어처럼 어린 시절 서식처로 되돌아오는 것입니다. 대부분의 사람에게 '집밥' 하면 어머니를 떠올립니다. 어머니의 음식 솜씨가 꼭 좋아서 그런 것만은 아닙니다. 단지 어머니가 해주신 음식이라는 이유 하나 때문에 그리워하지요. 집밥을 떠올리면서 우리는 모성으로 회귀합니다.

그런데 회귀라는 말의 영어 'Regression'을 심리학에서는 '퇴행'이라고 합니다, 인간 심리의 자기방어 기제 중의 하나이지요. 잘 자라던 아이가 동생이 생기면 아기처럼 구는 것을 예로 들 수 있지요. 그래서 모성 회귀도 일종의 심리적 퇴행이라고 볼 수 있습니다. 모성 회귀는 현실이 어려울 때 잘 나타나고, 심리적으로 억압이 심할수록 더 강해집니다.[41] 모성 회귀는 우리가 어머니의 품같이 안전하고 편안한 공간으로 들어가서 원래의 모습으로 되돌아가는 것입니다. 즉 모성 회귀는 현실과 심리적 공간 사이의 다리를 놓아 우리가 건강한 존재로 살 수 있도록 도와주는 것이지요. 여기서 집밥은 다리

의 역할을 할 수 있습니다. 위안 음식(Comfort Food)에 대해 들어본 적이 있나요? 영화 "리틀 포레스트"를 보면, 어린 시절의 주인공이 친구들에게 왕따를 당하고 힘없이 집에 돌아오는 장면이 있습니다. 집에 돌아오자 어머니는 주인공에게 '크렘 브륄레(Creme Brulee)'라는 음식을 만들어 주었습니다. 크렘 브륄레는 커스터드 크림 위에 설탕을 얹고 표면을 불에 살짝 그을려 만든 프랑스 디저트입니다. 어머니가 만들어 준 음식을 먹은 주인공은 단번에 환히 웃으며 치유됩니다. 그것이 주인공에게 위안 음식이 되어주었던 것이지요.

간추려 보기

외식 대비 집밥의 비율은 1965년 98%에서 2005년 53%로 급감하였고, 그 이후로는 50%대를 유지하고 있다.

집밥을 다시 찾게 된 외적인 요인

- 삶의 만족도를 높이기 위해 워라밸과 소확행을 추구하면서 집밥 수요가 늘고 있다.
- 가정간편식 산업이 발전하면서 간편한 집밥 선호가 증가하고 있다.
- 집밥 방송의 콘텐츠가 집밥의 문턱을 낮추어 집밥 수요를 늘리고 있다.
- 국가 정책과 제도의 지원으로 일-가정 관계가 강화되면서 집밥이 증가하고 있다.

집밥을 다시 찾게 된 내적인 요인

- 집밥의 맛, 영양, 안전성 등 품질이 향상되면서 집밥 수요가 늘고 있다.
- 음식 윤리와 슬로푸드가 확산되면서 집밥다운 집밥 선호가 늘고 있다.
- 집밥은 욕구의 1~3단계 욕구까지 꼭 필요하다.
- 집밥이 편안함과 행복함과 같은 심리적 안정감을 주기 때문에 집밥을 선호하게 된다.
- 모성으로의 회귀의 경우 집밥이 개인의 심리적 통합을 도울 수 있다.

5장 **집밥의 미래**

시간은 무한합니다. 그 무한한 미래를 예측하는 것은 불가능하지요. 그래서 미래를 예측할 때는 현재를 기준으로 미래의 어떤 시점을 미리 정하는 것이 필요합니다. 어떤 시점이 기준으로 좋을까요? 그 시점은 상황이 완전히 달라지는 중대한 전환점(Turning Point)이어야 할 것입니다. 과학기술문명이 우리가 사는 사회에 지대한 영향을 미치고 있는 점을 고려해 봤을 때, 인공지능이 비약적으로 발달하는 특이점(Singularity)이 적절한 임계점이 될 수 있습니다. 그래서 우리는 특이점의 시기로 알려진 2045년까지를 기준으로 미래의 집밥을 이야기해보고자 합니다.

알아 두기

특이점이란?[42]
특이점은 인공지능이 비약적으로 발전해 인간의 지능을 뛰어넘는 시점을 말하는데, 레이먼드 커즈와일은 2045년이면 인공지능(AI)이 모든 인간의 지능을 합친 것보다 추월할 것으로 예측했고, **유엔미래보고서**도 2045년이면 인공지능이 인간의 지능을 능가하는 특이점이 온다고 예고했습니다.

예측의 성패는 본질을 꿰뚫어 보는 능력에 달려있습니다. 이런 능력을 통찰력(洞察力), 영어로는 'Insight'라고 하는데, 그 뜻은 안(in)을 들여다본다(Sight)는 것입니다. '밖'은 외면이자 현상이고, '안'은 내면이자 본질이지요. 내면에는 변하는 것과 변하지 않는 것이 있습니다. 예를 들면 사람의 본성은 잘 변하지 않지만, 사람의 취향은 잘 변합니다. 따라서 집밥의 미래를 예측하기 위해서는 변하는 것과 변하지 않는 것을 구별해야 합니다.

앞의 2장에서 설명한 것처럼 사회의 기본단위인 가족은 사회의 변화에 따라 변하고, 이에 따라 집밥도 변하게 됩니다. 그렇지만 인간의 성장·발달과 행복의 원천인 가족과 집밥의 본질적 기능은 크게 변하지 않으리라 예상됩니다. 예나 지금이나 그리고 미래에도 가족 없는 집밥이나 집밥 없는 가족은 상상하기 어렵기 때문입니다.

그렇다면 여기서 변하지 않는 인간의 본성은 무엇일까요? 아마도 '함께 먹고 산다'는 것이 아닐까요? 구석기 시대 인류가 야생에서 생존하는 일은 호락호락한 일이 아니었습니다. 먹을거리는 늘 부족했고 인구는 계속해서 늘어났지요. 채집하고 사냥한 식량을 혼자 먹고 함께 나누지 않았다면 인류는 오늘날까지 생존할 수 없었을 것입니다. 미래에는 로봇이 집밥을 해줄 수도 있습니다. 그래도 여전히 인류는 집밥을 가족과 함께 먹으면서 가족 안에서 행복을 느낄 것입니다. 그러면 지금부터 함께 먹고산다는 인간의 변하지 않는 본성을 전제로 집밥의 미래를 예측해보도록 하겠습니다.

미래의 집밥 비율

앞에서 설명한 것처럼 2005년 이후 집밥과 외식의 비율은 현재 반반 즉 50

대 50이 되고 있습니다. 미래에도 이 비율은 유지될까요? 식생활은 경제와 밀접한 관계가 있기 때문에, 먼저 미래의 경제성장률에 대해 살펴보겠습니다. 우리나라의 경제성장률은 10년 단위로 1990년대 7%, 2000년대 4.4%, 2010년대 3% 수준을 보였습니다. 글로벌 금융위기 직후였던 2010년에는 6.5%, 2011년에는 3.7%의 경제성장률을 기록하며 단기적으로는 비교적 순탄하게 극복해냈지요. 그러나 2012년 이후의 경제성장률은 연평균 3% 수준에 머물면서, 2000년대에 비해 둔화된 것으로 나타났습니다. 2020년대의 미래 경제성장률은 생산성 향상을 전제한다 해도 연평균 2% 초반 수준에 머물 것으로 전망됩니다.[43]

저성장 국면이 지속됨에 따라 GDP의, 증가 폭은 예전보다 작겠지만, 여전히 미래에도 증가할 것입니다. 그리고 우리의 삶의 만족도 증가는 이스털린의 역설대로 GDP 증가보다 상대적으로 낮을 것입니다. 따라서 미래에도 사람들은 워라밸, 일과 삶의 균형(Work-life balance)과 저녁이 있는 삶을 계속 추구하게 될 것입니다. 그렇다면 미래의 식생활에 집밥이 차지하는 비율도 지금과 크게 다르지 않을 것이란 예측이 가능합니다.

1인 가구와 집밥의 미래

1인 가구를 살펴보기 위해 먼저 전체 인구의 변화를 짚어보도록 하겠습니다. 통계청에 따르면, 장래 **합계출산율**은 2015년 1.24에서, 2021년 0.86으로 최저점에 도달한 후, 2045년 1.27로 약간 증가할 것으로 예측합니다. 출산율 저하로 인해 2015년 기준 현재 인구수는 5,100만 명이지만, 2045년에 이르면 4,900만 명으로 약 200만 명의 인구가 줄어들 것으로 예측합니다.

한국의 미래 노령화

인구 감소를 좀 더 구체적으로 살펴보겠습니다. 2015년 기준 65세 이상 인구는 12.8%, 생산연령인구(15~64세)는 73.4%인데, 2045년이 되면 65세 이상은 37.0%, 15~64세는 53.7%가 됩니다. 30년 후 65세 이상은 24.2%로 증가하고, 15~64세는 19.7%로 감소하는 셈이지요. 전체 국민 3명 중 1명꼴로 65세 이상이 될 것이란 전망입니다. 그리고 노령화지수(14세 이하 인구 100명에 대한 65세 이상 인구의 비)도 93.0%에서 392.8%로 4.2배 증가하여 국가의 **고령화**가 급속하게 진행되리라 예상합니다.

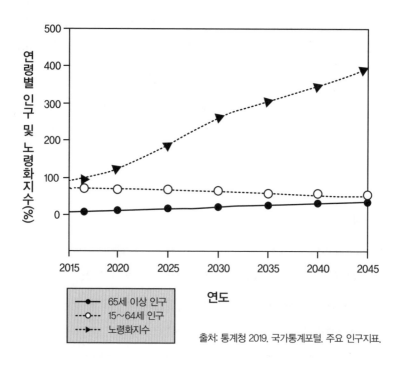

출처: 통계청 2019. 국가통계포털. 주요 인구지표.

1인 가구의 변화 양상은 전체 인구의 변화 양상과 궤를 같이합니다. 그 래프에 나타낸 것처럼 청년층 1인 가구는 2015년 1,849,623명에서 2024년 2,029,885명까지 늘어난 후, 2045년 1,708,552명으로 감소합니다. 중년층 1인 가구는 2015년 2,067,471명에서 2033년 2,714,701명까지 늘어난 후, 2045년 2,608,168명으로 상대적으로 완만하게 감소합니다. 이와 달리 노년층 1인 가 구는 2015년 1,202,854명에서 2045년 3,718,534명으로 가장 급격하게 증가합 니다. 따라서 미래에는 급증하는 노년층 1인 가구의 사회 문제가 심각하게 대두될 것입니다.

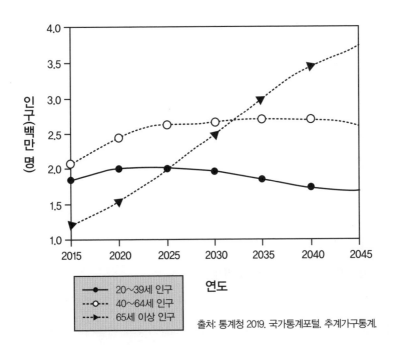

출처: 통계청 2019. 국가통계포털. 추계가구통계.

한국의 미래 1인 가구

앞에서 우리는 1인 가구가 일반 가구보다 집밥을 더 많이 먹는다는 사실을 알았습니다. 물론 1인 가구가 섭취하는 집밥은 전통적 집밥보다는 현대식 집밥, 간편조리식품, 배달 음식에 집중되겠지요. 1인 가구가 어떤 집밥을 먹을 것인지는 소득 수준과 관계가 깊은데, 청년층이나 노년층 1인 가구는 중년층보다 소득이 낮은 데다가, 절약형이 많아 집밥의 질이 높으리라고 보기는 어렵습니다. 이와 달리 중년층 1인 가구는 소득수준이 높고 건강추구형이 많아 상대적으로 집밥의 질이 높을 것으로 예상됩니다.

1인 가구로 혼자 사는 것은 참 힘든 일입니다. 조사 결과 경제력 부족(20.5%), 위급할 때 도와줄 사람이 없는 것(18.4%), 외로움(13.9%)의 순으로 힘겨워하는 것으로 파악되었습니다. 그렇지만 가장 힘든 것은 혼자 밥을 챙겨먹기 어려운 점(24.5%)인 것으로 확인되었습니다. 역시 밥 먹는 것이 문제지요. 주머니가 넉넉하지 않은 대학생, 사회초년생, 미혼 청년, 노인들이 전통적인 집밥을 챙겨 먹는 건 어렵기 때문에 상대적으로 저렴한 집밥을 먹을 것이라고 생각됩니다. 그럼에도 외식보다는 혼자라도 집밥을 먹는 것이 더 편안하고 돈을 절약할 수 있기 때문에, 1인 가구의 집밥 선호현상은 미래에도 계속 유지될 것으로 예상됩니다.

맞벌이와 여성, 그리고 집밥의 미래

앞에서 살펴본 것처럼 미래의 GDP는 증가 폭이 작더라도 계속 증가할 것이기 때문에, 이에 발맞춰 여성의 경제활동도 늘어나고 맞벌이 가구도 늘어나리라 예측됩니다. 그리고 일과 가사노동에서 남녀 구분은 갈수록 약화되리라 예상되지요. 맞벌이 가구의 집밥 비율은 2005년 이후 일정하게 유지되었는데, 미래에 맞벌이가 증가해도 집밥 비율은 현재 수준을 유지하리라 예상됩니다.

미래에도 여성과 남성의 비율은 1:1 정도로 유지될 것이고, 우리나라의 남녀평등은 현재 수준보다 더 많이 개선될 수 있을 것입니다. 현재 50% 수준인 여성의 경제활동 참가율도 현재 남성의 70% 수준에 근접하리라 생각됩니다. 전통적인 남녀 역할분담에 대한 반대는 더욱 늘어날 것이고, 이와 더불어 가족과 함께하는 생활시간량이 남성은 늘어나고, 여성은 줄어들 것으로 예상됩니다. 따라서 미래에도 집밥은 현재의 상태를 유지하거나 오히려 증가하리라 예상됩니다.

미래에도 모성의 생물학적 관점과 신화적 관점은 많은 부분 수용하되, 모성 이데올로기에 대한 저항은 계속되리라 생각됩니다. 시간이 흐름에 따라 가사와 양육에 대한 남성의 적극적 참여와 여성의 사회활동에 대한 지지로 모성 이데올로기 문제는 차츰 개선될 것입니다. 따라서 미래에는 현재보다 모성과 현실이 균형과 조화를 잘 이룰 것으로 예상되기 때문에, 집밥은 여성의 전유물이 아니라 여성과 남성의 공유물이 될 것이고, 아이들도 이런 변화를 자연스럽게 받아들이게 될 것입니다.

인류 사회와 집밥의 미래

원시시대부터 현재까지 인류 사회는 인간, 즉 휴먼(Human)만으로 구성되었습니다. 그러나 미래의 인류 사회는 휴먼과 포스트 휴먼(Posthuman)으로 구성될 것으로 예상됩니다. 포스트 휴먼은 사람을 넘어서는 능력을 보유한

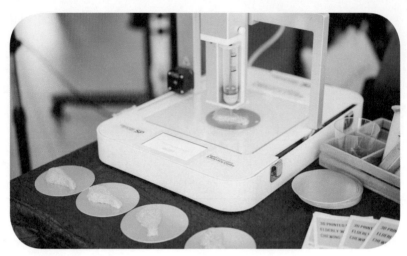

■ 퓌레를 치킨스틱으로 바꾸는 3D 푸드 프린터(3D Food Printer)
　출처 Food Innovation and Resource Centre (FIRC) at Singapore Polytechnic

존재로서, ①완전한 인공지능일 수도 있고, ②업로드(신체를 버리고 슈퍼컴퓨터의 정보 패턴으로 존재)일 수도 있으며, ③인핸서(Enhancer, 생물학적 인간의 능력이 개선된 존재)일 수도 있는데, 인핸서에는 유전자 편집 아기와 같은 생물학적 인핸서도 있고, 사이보그(Cyborg)와 같이 생물학적 신체에 기계가 결합된 인핸서도 있습니다.[44]

　미래 인류 사회의 구성은 그림에 나타낸 것처럼, 다수의 휴먼과 소수의 트랜스휴먼으로 이루어지는데, 다수의 휴먼은 당연히 밥을 먹어야 살 것이고, ①인공지능과 ②업로드를 제외한 대부분의 포스트 휴먼도 밥을 먹어야 살 것입니다. 그렇다면 미래에 집밥은 어떻게 될까요?

　3D 푸드 프린터(3-D Food Printer)가 각 가정에 일반화될 것으로 예상됩니다. 푸드 프린터는 1인 가구가 대세인 각 집에서 맛있는 집밥을 준비해줄 것

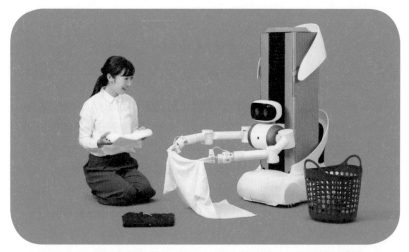

▌ 2020년 판매 예정인 Mira Robotics가 개발한 가정로봇 Ugo. 세탁기를 비우고 빨래를 갤 수 있다.

입니다.[45] 또한 미래의 인류에게는 빨래와 청소는 물론, 밥까지 만들어 주는 가정부 로봇이 집마다 존재할 것입니다.

인공지능까지 더해진다면, 푸드 프린터보다 똑똑한 로봇이 집밥을 맛있게 지어주겠지요. 이렇게 되면 식당 중에는 사교나 친목 등을 위한 고급식당만 살아남고, 간단 신속하게 한 끼를 때우는 식당은 거의 사라질 것이라는 예측도 있습니다.[46] 이런 관점에서 볼 때 미래의 집밥은 우리의 식생활에서 오늘만큼 또는 오늘보다 더 중요해지리라 예상됩니다.

완벽의 역설[47]

지상천국이다. 그런데 참 이상한 건 정체 모를 뭔가가 아쉽고 그립다는 것이다. 우리 집 가정부 로봇은 완벽하게 일한다. 맛과 영양과 안전성을 고려한 맞춤 음식. 온·습도와 미세먼지, 그리고 냄새 제거까지 고려한 집 안 청소. 사람의 기분을 존중하는 상큼하고 발랄한 언행과 태도. 그런데 뭣이 부족해서 아쉽고 그리울까? 그렇다. 사람에겐 완벽하다는 것 또는 부족하지 않다는 것이 불편한 것이다. 약간 덜 익거나 더 익은 고기, 약간 싱겁거나 짠 국물. 이런 엉성함이 아쉽고 그리운 것이다. 그래서 사람은 여유 있는 주말이 오면 음악도 켜고 청소도 하고 스스로 밥도 해 먹고 싶은가보다. 월화수목금 쌓여온 이상한 느낌의 찌꺼기도 치우고 싶겠지. 어떤 느낌이냐고? 마치 3-D 푸드 프린터가 사람인 나의 일상을 프린트하는 것 같은 기이한 느낌. 마치 사람인 내가 로봇의 로봇이 된 것 같은 괴상한 느낌.

이런 느낌이 사람의 내면에 저항감을 불러일으킨다. 이 저항감은 생명체인 사람이 지닌 자율성 때문이거나, 또는 구석기 시대부터 DNA에 각인된 야성 때문일 수 있다. 아무튼 사람은 주말에 스스로 구운 약간 탄 식빵을 커피에 곁들여 먹으면서 소리치는 이상한 존재다. "아, 그래! 이 맛이야!" 이것이 완벽의 역설이다.

간추려 보기

- 1인 가구의 집밥 선호 현상은 계속 유지될 것으로 예상된다.
- 맞벌이 가구는 현재 수준의 집밥 비율을 유지하리라 예상된다.
- 미래에도 성 평등으로 인해 집밥은 현재 상태를 유지하거나 증가할 수 있다.
- 미래에는 3D 푸드 프린터, 로봇 등이 제공하는 집밥을 먹을 수 있을 것이다.

용어 설명

로컬푸드 로컬푸드(Local Food)는 글로벌
푸드(Global Food)에 대응하는 말이다.
로컬푸드는 흔히 반경 50km 이내에서
생산된 농산물을 가리키며, 글로벌푸
드와 달리 장거리 운송을 거치지 않은
지역농산물을 말한다. 로컬푸드 운동
은 생산자와 소비자 사이의 이동거리
를 단축시켜 식품의 신선도를 극대화
시키자는 취지로 출발했다.

모계제 재산과 토지가 여성에 속하고, 혈통
이 어머니의 계통을 따르는 제도. 모권
제라고 하는 경우에는 여성이 그 사회
에서 정치적 권력을 가지고 있는 제도
를 가리킨다. 현존하는 민족 중 모권제
를 가진 사회는 존재하지 않지만 모계
제의 사회는 많이 있다. 미국의 인류학
자 G.P.머독이 조사한 바에 의하면, 세계
447개 사회 중에서 58개 사회가 모계제
를 취하고 있지만, 모든 사회의 정치권
력은 남성이 장악하고 있다.

보릿고개 햇보리가 나올 때까지 넘기 힘든
고개라는 뜻으로, 묵은 곡식은 거의 떨
어지고 햇보리는 아직 여물지 않아 농
촌의 식량사정이 가장 어려운 때를 비
유적으로 이르는 말이다. 가을이 아닌
봄에 일어나는 현상이기 때문에 춘궁

기(春窮期)라고도 부른다.

신어 신어(新語)는 말 그대로 사전에 등재
되지 않은 새로 생겨난 말이다. 신어는
사회의 변화에 따라 생기는 새로운 개
념이나 물질을 표현하기 위해 계속 만
들어진다. 음식의 경우에도 새로운 것
이 등장하거나 계속 변하고 있으므로
음식과 관련된 신어는 계속 탄생하고
있다. 역으로 음식 신어를 잘 살피면
음식과 관련된 사회 · 문화적 변화를
파악할 수 있다.

양립 불가능 양립(兩立)은 두 가지가 동시
에 따로 성립한다는 뜻이고, 불가능(不
可能)은 가능하지 않다는 뜻이다. 따
라서 양립불가능은 A, B 두 가지가 동
시에 성립할 수 없다는 뜻이다. 반대로
양립가능은 A, B 두 가지가 동시에 성
립할 수 있다는 의미이다.

요리(料理)와 조리(調理) 요리와 조리는 둘
다 음식을 만든다는 뜻이다. 다만 요리
할 때는 입맛에 맞게 만드는 게 중요하
고, 조리할 때는 잘 조절해 만드는 것,
다시 말해 만드는 방법이나 과정이 중
요하다. 그래서 음식을 만드는 전문기
술인에게 조리사 자격증을 주는 것이

다. 그리고 요리에는 만들어진 음식이라는 뜻도 있다. 중국요리는 맞는 표현이지만, 중국조리는 잘못된 표현이다.

유엔미래보고서 유엔미래보고서(State of the Future)는 1997년부터 유엔미래포럼이 매년 발간하는 미래연감이다. 유엔미래포럼은 1996년 UN대학교미국위원회의 국제미래전략그룹이 주도하는 미래예측 연구프로젝트로 시작됐다. 유엔미래포럼은 유엔 및 유엔 산하 연구기관, 세계 50여 개국 1,500여 명의 미래 전문가, 학자 등이 긴밀히 협조하면서 글로벌 미래 이슈를 연구하고 있다.

조리 물에 담근 쌀을 일면서 돌을 골라내는 도구로서, 가느다란 대·버들가지·싸리 등으로 국자 모양으로 엮은 것이다. 물에 담근 쌀 위에서 조리를 한 방향으로 돌려 물살의 힘으로 떠오르는 쌀을 조리로 건지고 무거운 돌은 밑으로 가라앉힌다. 지금은 쌀에서 돌을 골라낼 필요가 없기 때문에 조리는 설날 복조리 용도로 쓰인다.

초고령사회 총인구에서 65세 이상 인구가 차지하는 비율을 기준으로 사회를 고령화사회, 고령사회, 초고령사회로 구분한다. 7% 이상이면 고령화사회(Aging Society), 14% 이상이면 고령사회(Aged Society), 20% 이상이면 초고령사회(Post-aged Society)라고 부른다.

탐식 탐식(貪食)은 음식을 탐내거나 탐내어 먹는다는 뜻이다. 다시 말해 절제하여 먹지 않는다는 의미다. 인류는 식량 부족의 오랜 역사에서 생존하기 위하여 부족한 음식을 나누어 먹는 길을 선택했다. 그 결과 탐식보다 음식의 절제를 도덕적으로 바람직한 행위로 여겼다.

혼·분식 장려운동 혼·분식장려운동은 쌀 소비를 줄이기 위하여 1967년부터 1976년까지 시행한 정부 주도의 식생활 개선 국민운동이다. 모든 음식점은 밥에 보리쌀이나 밀을 25% 이상 혼합하여 판매해야만 했고, 학교에서는 도시락 검사를 하여 가정의 혼·분식을 유도하였다. 이로부터 한국인의 주식이 쌀과 보리에서 쌀과 밀로 바뀌게 되었다.

합계출산율 합계출산율(Total Fertility Rate)은 한 명의 여성이 15세에서 49세까지의 가임 기간 동안 낳을 것으로 기대되는 평균 출생아 수인데, 합계출산율은 출산력 수준 비교에 활용되는 대표적인 지표로서 일반적으로 연령별출산율을 모두 더해서 계산한다.

출처 보기

1. 신재근. 2019. 집밥의 역사. 책들의 정원. pp.4~8.

2. 국립국어원. 2014. 2014년 신어. 국립국어원. p.91.

3. 통계청. 2018. 경력단절여성 현황. 보도자료. 2018. 11. 29.

4. 통계청. 2016. 한국인의 생활시간 변화상(1999년~2014년). 보도자료. 2016. 4. 20.

5. 김소영. 2017. 남편의 가사노동과 자녀돌봄 분담 유형별 관련요인 및 부부의 가사분담만족도: 맞벌이 부부와 비맞벌이 부부 비교. 한국가족관계학회지 22(3): 47~72.

6. EBS. 2012. 마더쇼크~엄마의 행복한 자아를 찾기 위한 모성의 대반전. 중앙북스. pp.55~59, 76~84.

7. 네이버 지식백과. 2019. 옥시토신(oxytocin).

8. 통계청. 2019. 양육권 및 친권 여부. 2019. 9. 11.
http://kosis.kr/statHtml/statHtml.do?orgId=154&tblId=DT_MOGE_3021300282&vw_cd=MT_ZTITLE&list_id=154_15416_2015_005&seqNo=&lang_mode=ko&language=kor&obj_var_id=&itm_id=&conn_path=MT_ZTITLE

9. 정선영. 2019. 모성 이데올로기, 돌봄서비스 이용, 그리고 어머니의 행복감-영유아 어머니의 취업여부를 중심으로. 가족과 문화 31(1): 140~165.

10. 김영미, 류연규. 2013. 젠더레짐에 따른 성역할태도 결정요인 차이에 관한 연구. 가족과 문화 25(2): 90~128.

11. 김인지, 이숙현. 2005. 취학 전 자녀를 둔 어머니의 모성 이데올로기와 부모역할 만족도. 한국가족관계학회지 10(3): 1~25.

12. 김화경. 2003. 세계 신화 속의 여성들. 도원미디어. pp.5~8, 19~29, 30~37, 77~82, 85~105.

13. 네이버 지식백과. 2019. 데메테르. 그리스로마신화 인물백과. https://terms.naver.com/entry.nhn?docId=3397709&cid=58143&categoryId=58143

14. 동아일보. 2014. 아빠가 되면 남성호르몬 줄어든다. 2014. 5. 2.

15. EBS. 2012. 아버지의 성. 베가북스. pp.56~60.

16. 박미경, 고영숙, 김은숙. 2017. 배우자의 분만경험인식, 부성애착 및 부성역할 자신감. 예술인문사회융합멀티미디어논문지 7(10): 755~765.

17. 조숙, 정혜정, 이주연. 2015. 취업모와 비취업모의 모성이데올로기 인식과 양육스트레스 및 결혼만족도의 관계 비교연구. 한국가족관계학회지 20(1): 25~49.

18. 김유정. 2012. 60년대 이후 아동 외식 문화에 관한 연구. 한국교육문제연구 30(2): 23~42.

19. 문진영. 2012. 이스털린 역설에 대한 연구-만족점의 존재여부를 중심으로. 한국사회복지학 64(1): 53~77.

20. 김혜영. 2014. 유동하는 한국가족: 1인가구를 중심으로. 한국사회 15(2): 255~292.

21. 통계개발원. 2018. 한국의 사회 동향 2018-가족과 가구 영역의 주요 동향. pp.1~12.

22. 허윤경, 심기현. 2016. 수도권에 거주하는 1인 가구 식생활 태도 조사. 한국식품영양학회지 29(5): 735~745.

23. 이성림, 이승주. 2016. 1인 가구의 식생활 행태와 식생활 라이프 스타일이 식생활 만족에 미치는 영향. 소비문화연구 19(3): 115~133.

24. 한국경제신문. 2018. 유로모니터 "HMR 시장 성장 키워드는 건강과 다양한 취향" 2018. 12. 9. https://www.hankyung.com/economy/article/201812098584i

25. 농림축산식품부 보도자료. 2019. 가정간편식(HMR) 시장 3년 사이 63% 급

성장. 2019. 8. 2.

26. 박민희, 권만우, 나건. 2019. RTP(Ready to Prepare) 가정편의식(HMR) 제품의 재구매의도에 관한 연구 : 밀 키트(Meal kit)를 중심으로. 한국콘텐츠학회논문지 19(2): 548~557.

27. 김옥선. 2018. 새로운 식생활 트렌드 밀 키트(Meal Kit). 동아시아식생활학회학술발표대회논문집: 95~97.

28. 여성가족부. 2018. 인구특성별 1인 가구 현황 및 정책대응 연구. pp.71~75.

29. 정상진, 강승호, 송수민, 류시현, 윤지현. 2006. 한국 성인의 점심식사에서 가정식, 상업적 외식 및 급식의 영양평가: 2001 국민건강영양조사 자료의 분석. 한국영양학회지 39(8): 841~849.

30. SBS 스페셜 제작팀. 피정민 엮음. 2010. (상위 1% 두뇌를 만드는) 집밥의 힘: SBS스페셜 화제작 '밥상머리의 작은기적' 실천편. 리더스북. pp.194~200.

31. 식품안전나라. 2019. 식중독통계. https://www.foodsafetykorea.go.kr/portal/healthyfoodlife/foodPoisoningStat.do

32. 진현정. 2018. 외부음식의 안전성에 대한 우려와 집밥 섭취 횟수와의 관계. 소비자문제연구 49(1): 1~21.

33. 식품음료신문. 2017. 식약처, 배달 음식 안전강화 나섰다. 2017. 4. 27.

34. 이범일, 김선희. 2019. 식생활 라이프스타일에 따른 가정간편식(HMR) 상품의 편의성과 음식품질이 구매의도에 미치는 영향. 외식경영연구 22(2): 127~151.

35. 조승용. 2017. 가정간편식(HMR)의 안전성 관리체계. 식품과학과 산업 50(3): 51~59.

36. 김석신. 2019. 음식윤리, 유토피아를 꿈꾸는 백일몽인가? 글로벌이코노믹 식품칼럼.
http://news.g-enews.com/view.php?ud=201903041553033714e8b8a793f7_1&md=20190306152518_M

37. 네이버 지식백과. 2019. 슬로푸드. https://terms.naver.com/entry.nhn?do

cId=371145&cid=42028&categoryId=42028

38. 네이버 지식백과. 2019. 매슬로우의 인간 욕구 5단계 이론.

https://terms.naver.com/entry.nhn?docId=2847471&cid=56774&category
Id=56774

39. 동아일보. 2019. "내 행복은 56점" 어깨 처진 대한민국. 2019. 6. 29.

40. 김복근. 2004. 모성회귀와 존재의 의미 성찰. 시조시학: 211~223.

41. 최은우. 2016. 모성회귀 체험에 관한 존재론적 탐구. 미술치료연구 23(1):
67~94.

42. 한경 경제용어사전. 2019. 특이점.

https://terms.naver.com/entry.nhn?docId=3346960&cid=42107&category
Id=42107

43. 권규호. 글로벌 금융위기 이후 우리 경제의 성장률 둔화와 장기전망. KDI 경
제전망. pp.41~56.

44. 신상규. 2014. 호모 사피엔스의 미래: 포스트휴먼과 트랜스휴머니즘. 아카넷.
pp.104~106.

45. 박영숙, 제롬 글렌. 2015. 유엔미래보고서 2045. (주)교보문고. 파주시.
pp.35~42, 43~59.

46. 페이스 달루이시오(Faith D'Aluisio). 2002. 새로운 종의 진화 로보사피엔스
(Robo sapiens: Evolution of a New Species). 신상규 옮김. 김영사. p.23.

47. 김석신. 2017. [식품칼럼] 완벽의 역설. 글로벌이코노믹. 2017. 6. 28

찾아보기

내인생의책은 한 권의 책을 만들 때마다
우리 아이들이 나중에 자라 이 책이 '내 인생의 책'이라고 말할 수 있는 책을 만들고자 합니다.

세상에 대하여 우리가 더 잘 알아야 할 교양

⑧⓪ **집밥** 사라질까?

김석신 지음

초판 인쇄일 2020년 1월 14일 | 초판 발행일 2020년 1월 28일
펴낸이 조기룡 | 펴낸곳 내인생의책 | 등록번호 제10-2315호
주소 서울시 성동구 연무장5가길 7 현대테라스타워 E동 1403호
전화 02) 335-0449, 335-0445(편집) | 팩스 02) 6499-1165

ISBN 979-11-5723-574-2 (44300)
        979-11-5723-416-5 (세트)

이 도서의 국립중앙도서관 출판예정도서목록(CIP)은 서지정보유통지원시스템 홈페이지(http://seoji.nl.go.kr)와
국가자료종합목록 구축시스템(http://kolis-net.nl.go.kr)에서 이용하실 수 있습니다. (CIP제어번호 : CIP2019052045)

내인생의책에서는 참신한 발상, 따뜻한 시선을 가진 원고를 기다리고 있습니다.
원고는 나무의 목숨값에 해당하는 가치를 지녔으면 합니다.
원고는 내인생의책 전자우편이나 홈페이지를 이용해 보내 주세요.

전자 우편 bookinmylife@naver.com | **홈페이지** http://bookinmylife.com

어린이제품 안전 특별법에 의한 제품 표시

제조자명 내인생의책 | **제조 연월** 2020년 1월 | **제조국** 대한민국 | **사용연령** 5세 이상 어린이 제품
주소 및 연락처 서울시 성동구 연무장5가길 7 현대테라스타워 E동 1403호 02) 335-0449